miLibro 2

Autores y asesores

Alma Flor Ada • Kylene Beers • F. Isabel Campoy

Joyce Armstrong Carroll • Nathan Clemens

Anne Cunningham • Martha C. Hougen

Elena Izquierdo • Carol Jago • Erik Palmer

Robert E. Probst • Shane Templeton • Julie Washington

Consultores

David Dockterman • Mindset Works®

Jill Eggleton

¡Arriba la **Lectura!**™

miLibro 2

Pongámonos de acuerdo

"Para dialogar, preguntad primero;
después..., escuchad".

—Antonio Machado

? Pregunta esencial

¿Cómo podemos resolver los desacuerdos?

Video de
Mentes
curiosas

Palabras acerca de resolver problemas

Completa la Red de vocabulario para mostrar lo que sabes sobre estas palabras.

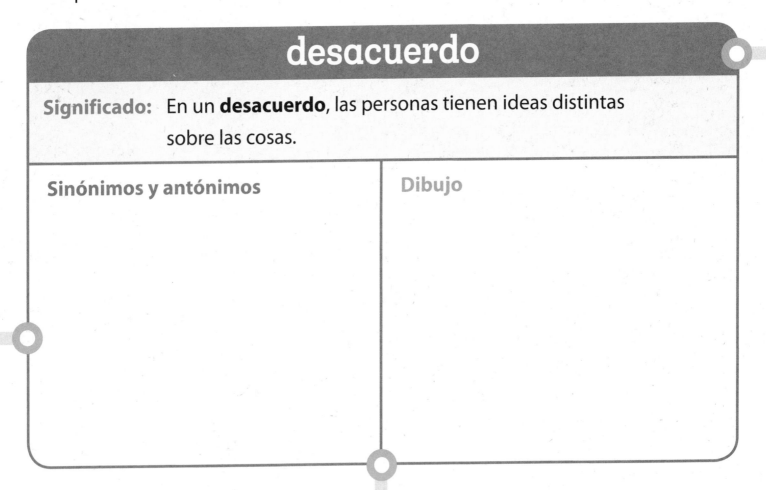

desacuerdo

Significado: En un **desacuerdo**, las personas tienen ideas distintas sobre las cosas.

Sinónimos y antónimos	Dibujo

decisión

Significado: Cuando tomas una **decisión**, determinas o haces una elección sobre algo.

Sinónimos y antónimos	Dibujo

acuerdo

Significado: Un **acuerdo** es cuando las personas intentan llegar a un arreglo y, para conseguirlo, buscan una solución que contente a las dos partes.

Sinónimos y antónimos	Dibujo

LLEGUEMOS A UN ACUERDO

¿Qué intentan lograr las personas cuando dicen "Lleguemos a un acuerdo"? Están tratando de **llegar a un arreglo** o de encontrar una manera de poner fin a un desacuerdo.

Cuando las personas llegan a un acuerdo, cada una cede o renuncia a un poco de lo que quiere. Estas historietas muestran ejemplos de cómo llegar a un acuerdo.

13

Prepárate para leer

ESTUDIO DEL GÉNERO ▶ Los cuentos de **ficción realista** son historias inventadas, pero podrían suceder en la vida real. Mientras lees *La gran paleta roja*, busca:

- personajes que se comportan y hablan como personas reales
- una lección que aprende el personaje principal
- problemas que las personas reales podrían tener

ESTABLECER UN PROPÓSITO ▶ Mientras lees, detente si no comprendes algo y piensa. Vuelve a leer, hazte preguntas, usa lo que ya sabes y busca pistas visuales como ayuda para entender el texto.

PALABRAS PODEROSAS

invitar

gritar

suplicar

musical

empujar

escabullirse

glotón

apresurarse

Conoce a Rukhsana Khan.

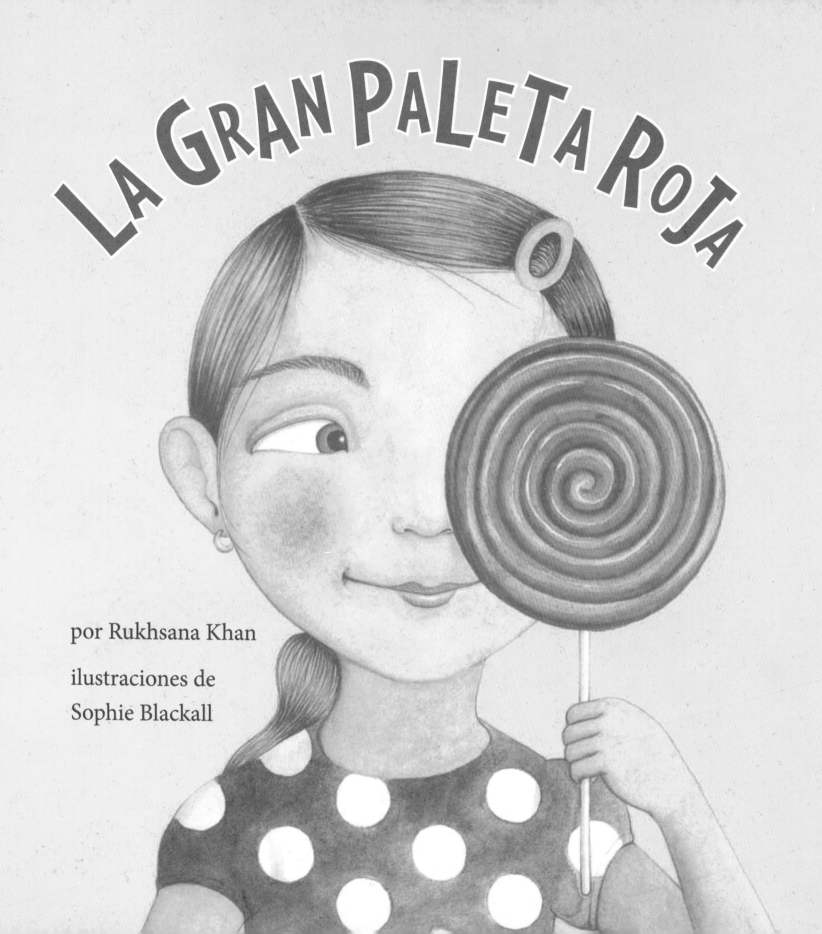

La Gran PaLeTa RoJa

por Rukhsana Khan

ilustraciones de
Sophie Blackall

Estoy tan ilusionada que voy corriendo todo el camino desde la escuela hasta casa.

—¡Ami! ¡Me invitaron a una fiesta de cumpleaños! ¡Va a haber juegos y juguetes, pastel y helado! ¿Puedo ir?

—¡Yo también quiero ir! —grita Sana.

—¿Qué es una fiesta de cumpleaños? —pregunta Ami.

—Es cuando alguien celebra el día en que nació.

—¿Y por qué lo hacen?

—¡Es algo que se hace aquí! ¿Puedo ir?

—¡Yo también quiero ir! —grita Sana.

—No puedo llevarla, no la han invitado.

—¿Por qué no? —pregunta Ami.

—Aquí no se hace así.

Ami dice:

—Bueno, eso no es justo. Llama a tu amiga y pregúntale si puedes llevar a Sana, o no podrás ir tú tampoco.

—¡Pero Ami! ¡Se van a reír de mí! ¡Nunca más me van a invitar a una fiesta!

—¡Yo también quiero ir! —grita Sana.

17

—Mira, Sana, algún día tus amigos te invitarán a sus fiestas. ¿No te gustaría más eso? —le digo.

—¡No! ¡Quiero ir ahora!

Ruego y suplico, pero Ami no me escucha. No tengo más remedio que llamar a Sally. Me dice: "De acuerdo". Pero no parece estar muy de acuerdo. Sé que piensa que soy rara.

18

En la fiesta, soy la única que ha llevado a su hermanita. A Sana no le gusta perder en ningún juego y, cuando se cae mientras jugamos a las "sillas musicales", llora como un bebé.

Antes de irnos de la fiesta, la mamá de Sally nos da unas bolsitas.

Adentro hay chocolates y dulces, un silbato, un anillo con un rubí y ¡una gran paleta roja! Sana se come su gran paleta roja en el carro, de camino a casa. Yo guardo la mía para después.

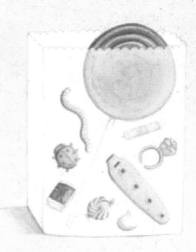

Sana no sabe hacer que las cosas duren. A la hora de acostarnos, ya se ha comido todos sus dulces, su silbato está roto y ha desaparecido el rubí de su anillo. Yo pongo mi gran paleta roja en la repisa de arriba del refrigerador para comérmela por la mañana.

Paso toda la noche soñando con lo rica que sabrá.

21

Por la mañana, me despierto temprano para comérmela. Sana ya se ha levantado. Al verme, se aleja corriendo.

Abro la puerta del refrigerador. Todo lo que queda de mi paleta es un triángulo pegado a un palito.

—¡SANA!

Escucho un ruido en el armario del recibidor. Debí
haberlo imaginado. Ahí es donde siempre se esconde.

Empujo los abrigos y las botas de un lado a otro.

—¡Te voy a *encontrar*!

Tan rápida como un ratón, se escabulle entre mis
piernas y corre alrededor de la sala, el comedor, la
cocina, mientras grita:

—¡Ami, Ami! ¡Ayúdame! ¡Ayúdame!

23

Ami sale de su habitación frotándose los ojos. Sana se esconde detrás de ella, donde no puedo atraparla.

—¿Qué pasa aquí? —pregunta Ami.

—Rubina quiere atraparme —dice Sana.

Ami se pone las manos en la cadera.

—¿Otra vez estás intentando atrapar a tu hermanita?

—¡Se comió *mi paleta*! ¡Esa glotona se la comió!

—¡Qué vergüenza! ¡Solo es una paleta! ¿No puedes *compartir* con tu hermanita? —dice Ami.

Quiero llorar, pero me contengo.

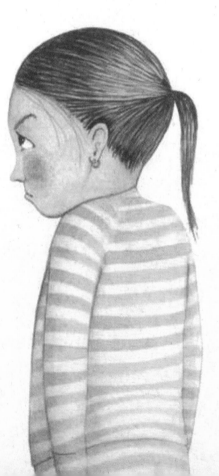

Sana corre al refrigerador y trae el triángulo pegado al palito.

—¡Mira, no me comí *toda* tu paleta! ¡Te dejé un triángulo!

—¿Ves? —dice Ami—. No se la comió *toda*. ¡Ella sí comparte contigo! Anda, toma el triángulo.

Así que tengo que agarrarlo.

—Vamos, *cómetelo*.

Pero no lo hago. Lo lanzo con todas mis fuerzas hasta el otro lado de la sala y cae debajo del sofá.

Sana se apresura a encontrarlo y se lo come también.

Lo peor es que todas las niñas de mi escuela ahora saben que, si me invitan a sus fiestas, tendré que llevar a Sana.

No recibo ni una sola invitación en mucho tiempo.

Entonces, un día, Sana llega a casa mostrando una invitación.

—¡Ami, me invitaron a una fiesta de cumpleaños! ¡Va a haber juegos y juguetes, pastel y helado! ¿Puedo ir?

Nuestra hermanita Maryam grita:

—¡Yo también quiero ir!

—¡No! No puedo llevarla, ¡*ella* no está invitada! —dice Sana.

—Bueno… lo justo es que la lleves contigo. Tú fuiste a la fiesta de la amiga de Rubina, así que Rubina y Maryam pueden ir a la fiesta de tu amiga —explica Ami.

—No cuenten conmigo —digo yo.

—Bueno, entonces tienes que llevar a Maryam —dice Ami.

Ahora es el turno de que Sana ruegue y suplique. Ami tampoco la escucha.

Sana ruega tanto que empieza a llorar, pero Ami sigue sin escucharla.

Podría simplemente mirar cómo Sana tiene que llevar a Maryam con ella. *Podría* dejarla hacer el ridículo en la fiesta. *Podría* dejar que no la invitaran a ninguna otra fiesta. Pero algo me hace tocarle el hombro a Ami.

—¿Qué?

—No obligues a Sana a llevar a Maryam a la fiesta.

—¿No? —pregunta Ami.

—No —insisto.

Ami se queda pensando un momento y luego dice: —Está bien.

Así, Sana consigue ir sola a la fiesta.

Después de la fiesta, escucho que tocan a la puerta de mi habitación.

—¿Qué quieres? —le pregunto a Sana.

—Toma —y me da una gran paleta verde—. Es para ti.

—Gracias —le digo.

Desde entonces, somos amigas.

Usa detalles de *La gran paleta roja* para contestar estas preguntas con un compañero.

1. **Verificar y clarificar** ¿Cómo te ayudó lo que sabes sobre las fiestas de cumpleaños a entender los acontecimientos del cuento?

2. ¿Cómo se sienten las otras niñas cuando Rubina lleva a Sana a la fiesta? Usa detalles del texto y de las ilustraciones para explicar tu respuesta.

3. ¿Por qué crees que Rubina le pide a Ami que deje a Sana ir a la fiesta sin Maryam? ¿Qué te indica eso sobre Rubina?

Sugerencia para escuchar

Mira a tu compañero mientras lo escuchas. Espera a que tu compañero termine de hablar antes de hablar tú.

Escribir una entrada de diario

INDICACIÓN ¿Cómo cambiaría la historia si la contara Sana? Piensa en los acontecimientos del cuento mientras explicas tus ideas.

PLANIFICA Primero, elige un acontecimiento del cuento para escribir sobre él. Completa la tabla con lo que Sana hace, dice y siente durante el acontecimiento.

Acciones	Palabras	Sentimientos

ESCRIBE Ahora, escribe una entrada de diario para describir el acontecimiento desde el punto de vista de Sana. Recuerda:

- Incluye detalles que muestren lo que Sana hace, dice y siente.

- Usa las palabras *yo, me* y *mí* para contar la historia como lo haría Sana.

_____

_____

_____

_____

_____

_____

_____

_____

_____

_____

_____

Prepárate para leer

ESTUDIO DEL GÉNERO Los cuentos de **ficción realista** son historias inventadas, pero podrían suceder en la vida real.

HACER UNA PREDICCIÓN Da un vistazo a "El mejor nombre". En este cuento, una familia tiene una nueva mascota: un perro. También tienen un problema. ¿Cuál crees que es?

_____

_____

_____

_____

_____

_____

ESTABLECER UN PROPÓSITO Lee para descubrir cómo los miembros de una familia trabajan juntos para resolver un problema.

El mejor nombre

LEE Mientras lees, hazte preguntas sobre las partes que no tienen sentido. Luego, vuelve a leer esas partes.

Recién trajimos un perro. ¡Es tan adorable! Su cara es muy dulce y su pelaje es rojo brillante. El único problema es cómo llamarlo. Todos en la familia tienen su opinión. Papá quiere llamarlo Rolf, porque así suena cuando ladra. Mamá piensa que tiene cara de Oliver y Sam, mi hermano, quiere llamarlo Juan Orejas. Me gustaría dejar que el perro elija, pero no sé bien cómo hacerlo. ▶

Para leer con atención

Subraya el problema del cuento.

VERIFICAR LO QUE ENTENDÍ

¿Cómo se siente la familia con respecto al perro? ¿Cómo lo sabes?

_____

_____

LEE ¿Quién resuelve el problema? <u>Subraya</u> la solución.

Para leer con atención

Escribe una **C** cuando hagas una conexión.

—¡Reunión familiar! —anuncia mamá cuando nos sentamos a la mesa para la cena.

—¡No nos moveremos de aquí hasta que nos pongamos de acuerdo sobre un nombre para nuestro perro! —dice mamá.

Cada uno defiende su nombre preferido.

—¡Ya sé! —digo—. ¡Podemos usar todos los nombres! La *R* de Rolf, la *O* de Oliver y la *J* y la *O* de Juan Orejas!

—¡*ROJO!* —gritan todos.

Rojo ladra y mueve la cola. Todos nos reímos.

—Parece que tenemos un ganador —dice papá.

VERIFICAR LO QUE ENTENDÍ

¿Quién es el narrador? ¿Cómo te ayuda este punto de vista a entender la historia?

_____

_____

_____

_____

ESCRIBE SOBRE ELLO ¿Cómo cambiaría la historia si
estuviera escrita desde el punto de vista de Rojo? Describe los
acontecimientos como lo haría Rojo. Incluye detalles sobre lo
que piensa o siente.

_____

_____

_____

_____

_____

_____

_____

_____

_____

_____

Prepárate para leer

ESTUDIO DEL GÉNERO Los **textos informativos** son un tipo de no ficción. Presentan datos sobre un tema. Mientras lees *Trabajar en equipo*, busca:

- el mensaje y los detalles
- encabezados que se destacan
- fotografías

ESTABLECER UN PROPÓSITO Haz una **predicción**, o suposición, acerca de lo que sucederá. Usa las características del texto como ayuda. Lee para confirmar que tu predicción es correcta. Si no lo es, haz una nueva predicción.

PALABRAS PODEROSAS

culpar

discutir

respetuoso

práctica

Desarrollar el contexto: Trabajo en equipo y cooperación

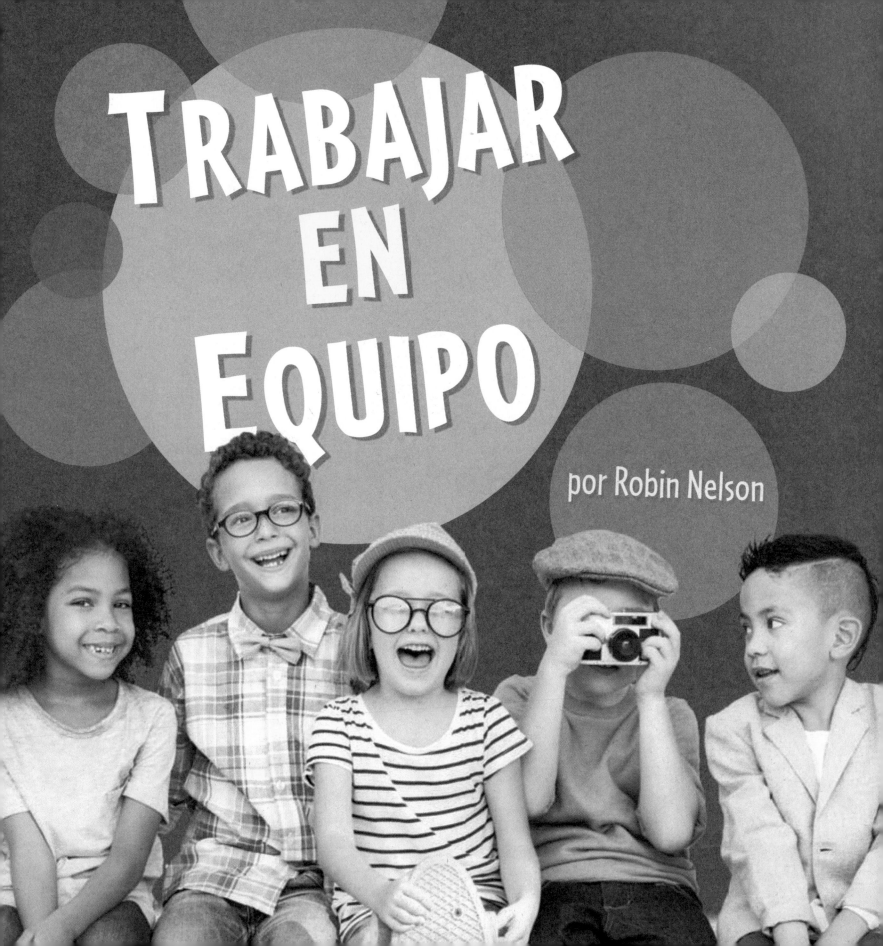

TRABAJAR EN EQUIPO

por Robin Nelson

Todos los días, trabajamos y jugamos con otras personas. Casi siempre nos llevamos bien con los demás pero, a veces, las personas hacen o dicen cosas que no nos gustan.

Tal vez alguien agarre uno de tus juguetes o te culpe de algo que no hiciste. Quizás alguien te diga algo feo o te sientas apartado del grupo. También es posible que discutas con un amigo. Situaciones así pueden hacer que te enojes. Pero es normal enojarse de vez en cuando y también es normal tener conflictos con los demás.

43

¿Qué hacen las personas cuando algún conflicto las enoja? Algunas personas levantan la voz y gritan. Otras incluso golpean a los demás. Pero los conflictos no se resuelven levantando la voz, gritando ni golpeando. Todo eso hiere a las personas y empeora los problemas. Algunas personas, en cambio, se alejan de los conflictos. Quieren estar a solas cuando están enfadadas. Necesitan tiempo para calmarse.

Al principio, está bien alejarse, pero no soluciona nada. Las personas necesitan resolver los conflictos juntas. Deben expresar lo que sienten. Los conflictos pueden solucionarse hablando. Hablar ayuda a que todos se sientan mejor.

Es posible resolver los conflictos sin discutir. Hablen por turnos para que todos puedan expresar su opinión. A veces, no estarán de acuerdo con las opiniones de los demás. Escuchen lo que dicen las otras personas y háganles preguntas.

Usen palabras respetuosas. No se insulten. Pídanse disculpas cuando se hayan equivocado. Asegúrense de que todos tengan la oportunidad de hablar. Así, podrán resolver juntos los conflictos. Piensen en ideas para solucionar los conflictos y decidan cuáles funcionarán mejor.

Si sienten que no están encontrando una solución, pídanle a un adulto que los ayude a solucionar el problema. Busquen la ayuda de alguien que los escuche y que no tome partido.

Tal vez deban llegar a un arreglo. Llegar a un arreglo significa que ambas partes deben ceder algo para que sea posible resolver el conflicto.

47

Se necesita práctica para llegar a solucionar los conflictos de manera pacífica. ¡Trabajen juntos! Resuelvan los problemas en equipo. Hablen detenidamente sobre sus desacuerdos y, así, ¡todos serán felices!

48

Qué hacer cuando te enojas

¿Qué haces cuando te enojas? Es posible que te sientas tan enfadado que no seas capaz de expresar tus sentimientos. Estas son algunas maneras de calmarte y de librarte del enojo.

- Respira hondo y cuenta despacio.

- Escribe qué pasó y cómo te sientes.

- Haz un dibujo.

- Escucha música tranquila.

- Lee un libro.

- Da un paseo o haz algún otro tipo de ejercicio.

- Golpea una almohada.

- Zapatea fuerte.

Cómo hablar sobre los conflictos

Cuando te sientas un poco mejor, será el momento de hablar. Estas son algunas cosas que debes recordar cuando hables sobre el conflicto.

- Dile a la otra persona cómo te sientes y por qué te sientes así. Sé sincero y pregúntale también a la otra persona cómo se siente.

- Recuerda que tu cuerpo también expresa tus sentimientos. Demuestra que te importa lo que la otra persona está diciendo. No cruces los brazos ni hagas muecas.

- Mira a la persona a la que le estás hablando. Haz lo mismo cuando él o ella te hable a ti.

- Escucha con atención lo que la otra persona tenga que decirte.

- Espera tu turno para hablar.

- Discúlpate si hiciste algo mal o si heriste los sentimientos de alguien.

- Procura hacer las cosas de distinta manera la próxima vez.

Usa detalles de *Trabajar en equipo* para contestar estas preguntas con un compañero.

1. **Hacer y confirmar predicciones** Piensa en una predicción que hiciste antes de leer el texto. ¿Tu predicción cambió mientras leías? ¿Por qué?

2. Usa información del texto para describir cosas que puedan llevar a un conflicto.

3. ¿Por qué es una buena idea asegurarse de que todos tengan la posibilidad de hablar cuando se intenta resolver un conflicto?

Sugerencia para la conversación

Pide a tu compañero que te cuente más sobre una de sus ideas. Completa la siguiente oración.

Por favor, explica _____.

Escribir una explicación

INDICACIÓN ¿Cómo se resuelve un conflicto con alguien? Usa detalles del texto y de las fotografías para explicar tu respuesta.

PLANIFICA Primero, anota los pasos que puedes seguir cuando tienes un conflicto.

ESCRIBE Ahora, escribe una explicación para decirle a alguien qué debe hacer para resolver un conflicto. Recuerda:

- Busca detalles en el texto que sean buenos ejemplos de cómo resolver un conflicto.

- Usa palabras que describan acciones para decirle a tu lector exactamente qué debe hacer.

_____

_____

_____

_____

_____

_____

_____

_____

_____

Prepárate para leer

ESTUDIO DEL GÉNERO ▶ Los **textos informativos** son un tipo de no ficción. Presentan datos sobre un tema.

HACER UNA PREDICCIÓN ▶ Da un vistazo a "Con todo el respeto, ¡no estoy de acuerdo!". Los amigos a veces tienen opiniones diferentes. ¿Qué crees que aprenderás al leer este texto?

_____

_____

_____

_____

_____

_____

ESTABLECER UN PROPÓSITO ▶ Lee para descubrir cómo mostrar tu desacuerdo con alguien de manera respetuosa.

Con todo el respeto, ¡no estoy de acuerdo!

LEE ¿Cuál es el tema de este texto?

¿Alguna vez tuviste una opinión diferente a la de un amigo? ¡Claro que sí! Todos tenemos nuestras opiniones. A veces, la opinión de un amigo no es la misma que la tuya. Es importante ser respetuoso cuando esto sucede. Recuerda ser amable y comprensivo. ¡Que una persona tenga una opinión distinta a la tuya no significa que no puedan seguir siendo amigos! ▶

Para leer con atención

Marca las ideas importantes con un *.

VERIFICAR LO QUE ENTENDÍ

¿De qué trata el texto principalmente?

_____

_____

_____

LEE <u>Subraya</u> la oración que contiene la idea principal. ¿Qué detalles cuentan algo sobre la idea principal?

Para leer con atención

Marca las palabras importantes con un *.

Puede ser difícil entender por qué un amigo no comparte tu opinión. Sin embargo, no insultes a tu amigo ni le digas que está equivocado. Que una persona tenga una opinión diferente no significa que sea incorrecta. Di "con todo el respeto, no estoy de acuerdo" y explica por qué. A veces, hagan lo que hagan, no se pondrán de acuerdo. Quizá solo estén de acuerdo… ¡en que no están de acuerdo! En ese caso puedes decir: "¡Aceptemos que estamos en desacuerdo!".

VERIFICAR LO QUE ENTENDÍ

Mira la predicción que hiciste en la página 54. ¿Era correcta? ¿Por qué?

_____

_____

_____

_____

_____

ESCRIBE SOBRE ELLO ¿Crees que mostrar tu desacuerdo de manera respetuosa es importante? ¿Por qué? Usa detalles del texto para explicar tu opinión.

_____

_____

_____

_____

_____

_____

_____

_____

_____

_____

_____

Prepárate para leer

ESTUDIO DEL GÉNERO Las **biografías** cuentan la vida de una persona real. Mientras lees *¡Pan de jengibre por la libertad!*, busca:

- información sobre por qué esta persona es importante
- el lugar donde la persona vivía, trabajaba o adonde viajaba
- formas en las que la persona cambió las cosas

ESTABLECER UN PROPÓSITO Lee para descubrir las ideas más importantes de cada parte. Luego **sintetiza**, o compila estas ideas en tu mente, para descubrir lo que el texto realmente significa para ti.

PALABRAS PODEROSAS

atronador

destreza

amenazar

convencer

Conoce a Mara Rockliff.

¡PAN DE JENGIBRE por la LIBERTAD!

por Mara Rockliff

ilustraciones de Vincent X. Kirsch

Todos en Filadelfia conocían al panadero del pan de jengibre. Su cara sincera, su risa atronadora…

Y, por supuesto, su pan de jengibre, el mejor de las trece colonias. Sus grandes manos cubiertas de harina creaban castillos y reinas; caballos, vacas y gallinas. Cada detalle estaba dibujado con un glaseado dulce y mantecoso y, sobre todo, con gran mimo y destreza.

Sin embargo, a pesar de su esmero, siempre quedaban algunos trozos rotos para los niños hambrientos que seguían a su olfato hasta aquella panadería con aroma a especias.

—¡Ni una sola panza vacía! —exclamaba el panadero—. ¡No en *mi* Norteamérica!

Y es que hubo un tiempo, cuando era joven, en que él también pasó hambre.

Y había seguido a su olfato hasta este Nuevo Mundo, donde un joven trabajador podía abrir su propia panadería y tener siempre suficiente para comer.

Pero ahora, había algo en el aire (además del aroma a pan de jengibre).

Los periódicos anunciaban:

¡REVOLUCIÓN!   ¡INDEPENDENCIA!   ¡LIBERTAD!

Los jóvenes enrollaban cobijas, cargaban armas al hombro y despedían a su madre con un beso.

El panadero colgó su delantal y se sacudió la harina de las manos.

—¿Adónde vas? —le preguntó su esposa.

—¡A luchar por mi Norteamérica! —le respondió—. Yo, una vez, fui soldado.

—Eso fue hace mucho tiempo y muy lejos de aquí —le dijo su esposa—. Ahora eres panadero, y estás viejo y gordo.

El panadero sabía que su esposa tenía razón. Pero también sabía que amaba a su país. De algún modo, tenía que hallar una manera de ayudar.

Empacó sus cosas y se unió a las tropas del general Washington.

El general Washington no dijo que el panadero era viejo y gordo. El general Washington era muy cortés. Además, tenía otras preocupaciones.

El panadero se arremangó decidido.

—Ni una sola panza vacía —le dijo al general
Washington—. ¡No en *mi* Norteamérica!

Pero se avecinaban problemas más grandes.

Al otro lado del océano...

El rey de Inglaterra les escribió a otros gobernantes y contrató a SUS ejércitos para que lo ayudaran a aplastar la revolución.

Cuando los barcos aparecieron por el horizonte, hasta el general Washington se puso pálido. ¿Quién había visto alguna vez semejante ejército?

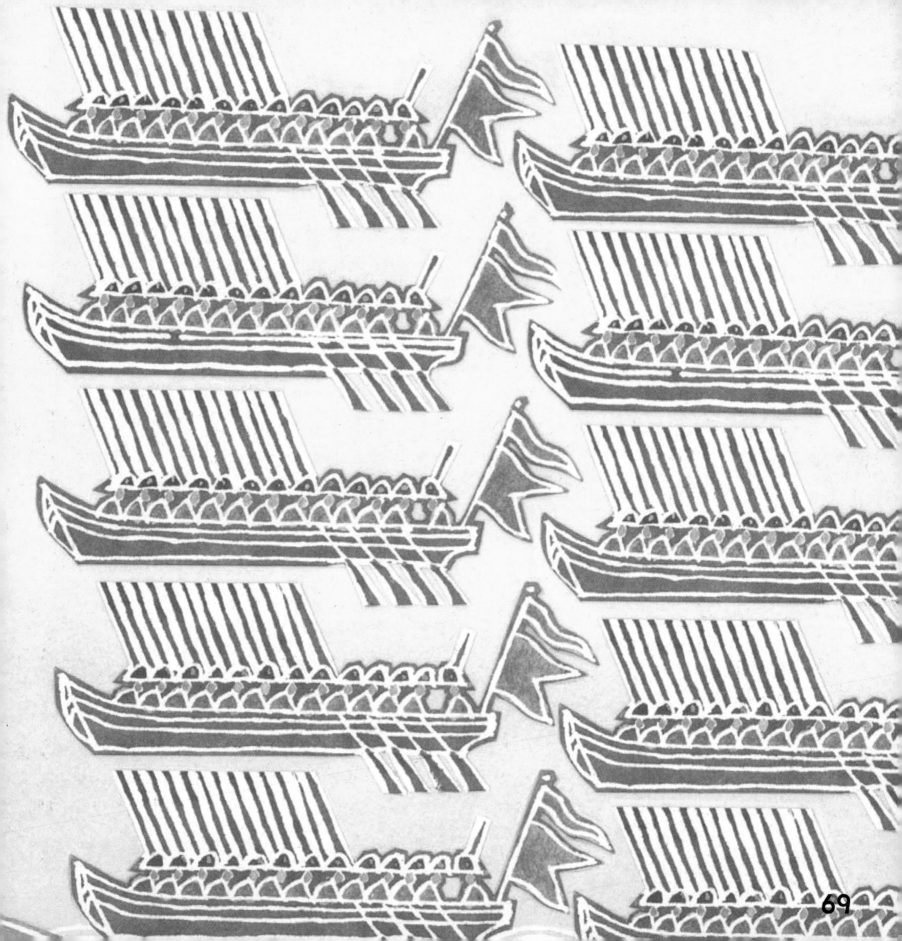

—Estos soldados vienen de la tierra donde yo nací —le dijo
el panadero al general Washington—. Déjeme hablar con ellos.
Tal vez pueda convencerlos de que no somos sus enemigos.
Incluso, ¡tal vez pueda convencerlos para que cambien de bando!

—Si te atrapan, te matarán —le advirtió Washington.

El panadero sonrió.

—Entonces, no me dejaré atrapar.

70

En las horas más oscuras de la noche, el panadero cruzó la bahía remando. Mientras remaba, iba pensando con qué palabras podría convencer a los soldados de que se unieran a la causa de Norteamérica.

¡REVOLUCIÓN! (splash)
Befreiung!

¡INDEPENDENCIA! (splash)
Unabhängigkeit!

¡LIBERTAD! (splash, splash)
Freiheit!

71

Pero cuando miró sus caras hambrientas, todas sus palabras bonitas se desvanecieron.

¿Qué podía decirles?

—Tengo una panadería... —comenzó.

Mientras el panadero hablaba, los soldados parecían ver el perfumado vapor que salía de los hornos. Casi podían oler el aromático pan de jengibre y saborear el dulce y mantecoso glaseado.

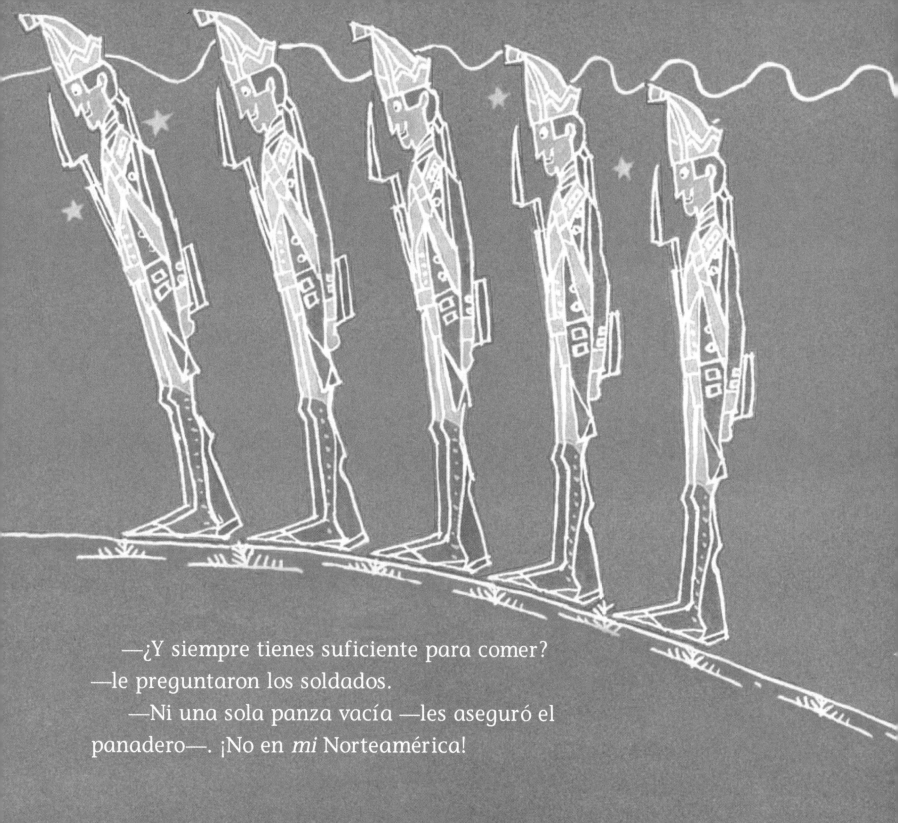

—¿Y siempre tienes suficiente para comer?
—le preguntaron los soldados.

—Ni una sola panza vacía —les aseguró el
panadero—. ¡No en *mi* Norteamérica!

Al otro lado del océano...

74

Muchos, muchos panes (y muchas batallas) después…

¡LOS BRITÁNICOS SE RINDIERON!
¡TERMINÓ LA REVOLUCIÓN!
¡GANAMOS!

—¡Mi trabajo aquí ha terminado! —exclamó
el panadero.

Pero Washington le dijo:
—No del todo.

¿Horneó pan de jengibre de postre para los soldados británicos?

Nunca lo sabremos.

Un obsequio del general Washington

y de su panadero

No dejaron ni las migas.

Conversación en parejas

Usa detalles de *¡Pan de jengibre por la libertad!* para contestar estas preguntas con un compañero.

1. Sintetizar ¿Por qué el panadero quería unirse a George Washington? ¿De qué manera esta decisión cambió la historia?

2. ¿Qué quiere describir la autora? ¿Qué quiere mostrar el ilustrador?

3. ¿Cómo cambió lo que pensaba George Washington sobre el panadero? ¿Qué crees que aprendió Washington con esta experiencia?

Sugerencia para escuchar

Mira a tu compañero mientras lo escuchas. Asiente para demostrar que estás interesado.

Escribir una conversación

INDICACIÓN ¿Cómo crees que reaccionó el general Washington cuando el panadero le explicó lo que sucedió con los ejércitos contratados? Usa detalles del texto y de las ilustraciones para explicar tus ideas.

PLANIFICA Primero, haz un dibujo del panadero hablando con el general Washington. Muestra cómo se siente cada personaje. Agrega globos de diálogo para mostrar qué dicen.

ESCRIBE Ahora, escribe una conversación entre el panadero y el general Washington. Haz que el panadero explique cómo convenció a los soldados contratados para que no lucharan. Recuerda:

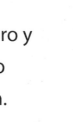

- Busca detalles en el texto que den pistas sobre cómo podría reaccionar el general Washington.

- Incluye palabras que describen sentimientos, como *sorprendido, orgulloso, asustado* y *emocionado*, para ayudar a los personajes a expresar sus sentimientos.

_____

_____

_____

_____

_____

_____

_____

_____

Prepárate para leer

ESTUDIO DEL GÉNERO Las **biografías** cuentan la vida de una persona real.

HACER UNA PREDICCIÓN Da un vistazo a "Una heroína estadounidense". A Eleanor Roosevelt le gustaba ayudar a las personas. ¿Qué crees que aprenderás al leer este texto?

_____

_____

_____

_____

_____

_____

_____

ESTABLECER UN PROPÓSITO Lee para descubrir por qué Eleanor Roosevelt es una persona importante en la historia.

Una heroína estadounidense

LEE Mientras lees, piensa en lo que sucede primero, después y por último.

Eleanor Roosevelt nació en Nueva York en 1884. De pequeña, era tímida. Cuando tenía quince años, asistió a un internado en Inglaterra. Estaba asustada, pero una maestra amable la ayudó. Al poco tiempo, Eleanor superó la timidez.

En 1905, se casó con Franklin Roosevelt. Poco después, Franklin empezó a hacer política. Eleanor también comenzó a defender las cosas que consideraba importantes. ▶

Para leer con atención

Escribe una **C** cuando hagas una conexión.

VERIFICAR LO QUE ENTENDÍ

¿Qué pistas del texto te indican que los acontecimientos están en orden?

_____

_____

LEE Mientras lees, contesta la pregunta "¿Qué significa esto para mí?".

Luego, Franklin fue elegido presidente. Eleanor trabajó mucho como primera dama. Durante la guerra, ayudó a atender a los soldados enfermos y heridos. Se manifestó a favor de que todo el pueblo estadounidense tuviera los mismos derechos. También ayudó a crear reglas sobre cómo tratar a las personas en el resto del mundo. Pensaba que ese trabajo había sido su mejor obra.

Por desgracia, Eleanor murió en 1962, pero siempre la recordaremos por los cambios que hizo en el mundo.

VERIFICAR LO QUE ENTENDÍ

¿Por qué crees que los logros de Eleanor Roosvelt son una parte importante de la historia estadounidense?

_____

_____

_____

_____

ESCRIBE SOBRE ELLO "Una heroína estadounidense" cuenta qué hizo Eleanor Roosevelt para ayudar a personas de todo el mundo. ¿Qué crees que las personas pensaban de Eleanor? Usa detalles del texto para explicar tu respuesta.

_____

_____

_____

_____

_____

_____

_____

_____

_____

_____

Prepárate para leer

ESTUDIO DEL GÉNERO Los cuentos de **ficción realista** son historias inventadas, pero podrían suceder en la vida real. Mientras lees *Pepita y la peleonera*, busca:

- personajes que se comportan y hablan como personas reales

- acontecimientos que podrían suceder en la vida real

- un ambiente de la época moderna en un lugar que podría ser real

ESTABLECER UN PROPÓSITO Mientras lees, **vuelve a contar** el cuento. Usa tus propias palabras para contar qué sucedió al principio, en el desarrollo y al final del cuento.

PALABRAS PODEROSAS
arrugar
ceño
jalar
cavar
despacio
refunfuñar
excusa
indeciso

Conoce a Ofelia Dumas Lachtman.

Pepita
y la
peleonera

por Ofelia Dumas Lachtman

ilustraciones de Alex Pardo DeLange

Pepita se despidió del conductor del autobús. Corrió por la calle Pepper, sus trenzas negras saltaban detrás de ella. Tenía prisa por llegar a casa para hablar con Mamá. Quería contarle que tres días en la escuela nueva eran más que suficientes. No quería volver.

La cara de Pepita se arrugó y frunció el ceño. Tenía pena porque la señorita Chu, su maestra, le agradaba. La señorita Chu tenía ojos negros y una sonrisa suave y alegre. A Pepita también le gustaba su salón de clases, con los tableros de colores brillantes con recortes de letras rojas que decían: "Bienvenidos al nuevo año escolar". Especialmente le gustaba el patio de recreo con el gran árbol frondoso y la banca en la esquina. Pero no le gustaba Babette. Babette tenía el cabello café, los ojos azules y la piel que parecía como helado de durazno, pero no era amable.

Pepita frunció más el ceño cuando recordó su primer día de clases. Se había acercado a Babette y le había dicho:

—Hola, me llamo Pepita. ¿Y tú?

—Pepita, ¡puaj! —dijo Babette—. Ese no es un nombre. Eso es solo un ruido.

Pepita sintió cómo le ardía la cara. Estaba enojada.

—Ese es mi nombre —dijo—, ¡y es mío!

Pero Babette solo se dio la vuelta y se fue.

El segundo día, la señorita Chu les pidió a los estudiantes que hablaran sobre sus objetos favoritos. Pepita les contó que su perro Lobo entendía español.

Durante el recreo Babette dijo:

—Seguro que tu perro tiene pulgas.

Pepita sintió cómo le ardía la cara. Estaba enojada.

—¡No es cierto! —gritó.

Babette solo se dio la vuelta y se fue.

Y hoy fue peor. Babette le jaló las trenzas y dijo:

—Tus trenzas parecen dos cuerdas haraposas. Deberías cortarlas.

Pepita sintió cómo le ardía la cara. Estaba muy enojada.

—¡*No* son cuerdas! —gritó—. ¡Son trenzas! Y si las jalas otra vez, ¡se lo voy a decir a la señorita Chu!

Babette gritó:

—Chismosa, chismosa —y se dio la vuelta y se fue.

Pepita se alegró cuando terminó el día de clases. "*Sí*", pensaba mientras corría a casa, "*tres días son suficientes. No quiero regresar a esa escuela*".

A la mitad de la cuadra, vio que la señora Green estaba cavando en su jardín.

—Hola, señora Green —dijo—, ¿le puedo preguntar algo? ¿Usted cree que mi nombre es raro?

—No, Pepita —contestó la señora Green—. Tu nombre tiene un sonido muy lindo. Me recuerda a florecitas brillantes.

Pepita asintió y sonrió.

—Qué lindo —dijo—. Gracias, señora Green.

Unas casas más adelante, Pepita vio a José, el cartero, que salía de su camión.

—Hola, señor José —dijo—, ¿le puedo preguntar algo? ¿Usted cree que mi perro Lobo entiende español?

—Sí, claro, Pepita. Sí entiende —contestó el cartero—. Le dije que se sentara y, cuando lo hizo, le dije "Buen perrito" y movió y movió la cola. Por supuesto que entiende español.

Pepita asintió y sonrió.

—Lo sabía —dijo—. Gracias, señor José.

Cuando Pepita estaba cerca de su casa, vio a la señora Becker parada cerca de su caballete, pintando una maceta de geranios rojos.

—Hola, señora Becker —dijo—. ¿Le puedo preguntar algo? ¿Usted cree que mis trenzas parecen dos cuerdas haraposas?

—No, Pepita —respondió la señora Becker—. Tus trenzas son muy lindas. Me recuerdan a unas cintas negras de satín brillando al sol.

Pepita asintió y sonrió.

—Qué lindo —dijo—. Gracias, señora Becker.

Cuando Pepita llegó a casa, encontró a Mamá en la cocina.

—Mamá —dijo—, ya no quiero regresar a esa escuela.

—¿Por qué? —dijo Mamá—. Pensé que te gustaba la escuela nueva.

—Yo también —dijo Pepita— hasta que hablé con Babette.

—Y, ¿quién es Babette? —preguntó Mamá.

—Babette es una peleonera —dijo Pepita—. Es mala conmigo, Mamá. No voy a regresar a la escuela.

—No, no —dijo Mamá—, eso no puede ser. La escuela es importante. Veamos qué dice Papá.

Durante la cena, Pepita le contó a su familia lo que Babette le había dicho:

—Dice que mi nombre es puro ruido, que Lobo tiene pulgas y que mis trenzas son dos cuerdas haraposas. ¡Y me jaló las trenzas! ¡Por eso no voy a volver a la escuela!

—Ya veo —dijo Papá—, pero tienes que ir a la escuela. Así es que mañana, si Babette te vuelve a jalar las trenzas, debes decírselo a tu maestra. Pero si Babette te dice algo malo, puedes responderle de manera cortés o alejarte. Pero hagas lo que hagas, debes ser cordial.

—¿Cordial? —preguntó Pepita—. ¿Eso es como "amable"?

Papá asintió.

—Sí, "amable" funciona.

Juan, el hermano de Pepita, dijo:

—No pelees con ella. A los peleoneros les gustan las peleas.

95

Por la noche, Pepita dio vueltas y vueltas en la cama hasta que las cobijas quedaron enredadas. Sacó a su muñeca Dora de debajo de las cobijas y la recostó sobre la almohada.

—Dora —dijo—, mañana Babette me dirá cosas malas.

La cara de Dora se entristeció.

Pepita se sentó en la cama y le dio un puñetazo a la almohada.

—¿Y si trata de golpearme?

Dora desapareció debajo de las cobijas.

Pepita la volvió a sacar.

—No te preocupes, Dora —dijo—, ya se me ocurrirá algo.

Dora se acurrucó junto a ella. Se acomodaron y se quedaron dormidas.

Por la mañana, Pepita se levantó despacio. Se vistió despacio. Desayunó despacio. Se retorció, volteó, masculló y refunfuñó mientras Mamá la peinaba y le trenzaba el pelo. Pero no importaba lo que Pepita hiciera, nada detenía el reloj. Era hora de ir a la escuela.

—Mamá —Pepita se quejó—, tres días son suficientes.
Pero Mamá dijo:

—La escuela es importante y, si no te apuras, llegarás tarde.

Así es que Pepita fue a la escuela. Su salón estaba soleado y brillante. Su maestra le sonrió. Pero al otro lado del salón, Babette frunció el ceño e hizo una mueca. Durante el recreo, Mindy invitó a Pepita a jugar a la rayuela. Pepita estaba a punto de aceptar, pero vio que Babette estaba parada cerca de ellas. Se despidió de Mindy y fue a la esquina del patio y se sentó bajo el árbol frondoso. Babette la siguió.

—Esa es mi banca —dijo Babette—. No me gusta que te sientes en ella.

Pepita se levantó.

—¿Qué te gusta? —le preguntó, y empezó a alejarse.

—No me gustas tú para nada —dijo Babette.

Pepita sintió cómo le ardía la cara. Estaba enojada. Se detuvo y se volteó.

—Tal vez no te gusta nada —dijo—. Tal vez ni te gusta tu nombre. *Tal vez ni te gustas tú misma.* ¡Te apuesto que ni tienes un perro!

—No eres amable —dijo Babette, y una lágrima se deslizó por su mejilla—. No eres nada amable.

Pepita abrió la boca. Su hermano le había dicho que no peleara. Papá le había dicho que fuera amable. ¡Y mira lo que había hecho! ¡Babette estaba llorando!

—Soy amable la mayoría del tiempo —dijo Pepita— y también soy cortés. Pero tú dices cosas groseras. Tal vez si dejaras de ser mala, alguien te invitaría a jugar también.

—No jugaría si tú estuvieras jugando porque no me gustan tus trenzas —dijo Babette.

—¿Ves? —dijo Pepita—. Eres grosera.

—No jugaría si tú estuvieras jugando porque tienes un nombre raro —dijo Babette.

—¿Ves? —dijo Pepita—. Te estás portando mal conmigo otra vez. De todos modos, Pepita es quien soy.

—Pero jugaría —dijo Babette— si...

—¡Deja de hacer excusas! —dijo Pepita—. ¿Quieres jugar o no?

Babette se mordió el labio, se sorbió la nariz y asintió de manera indecisa.

—Está bien —dijo Pepita—, pero debes sonarte la nariz.

Le dio a Babette el pañuelo que traía en su bolsillo. Después se dio vuelta y corrió al centro del patio.

—¡Espera, Mindy! ¡Espéranos! ¡Babette y yo queremos jugar!

Conversación en parejas

Pepita y la peleonera

por Ofelia Dumas Lachtman
Ilustraciones de Alex Pardo DeLange

Usa detalles de *Pepita y la peleonera* para contestar estas preguntas con un compañero.

1. **Volver a contar** Túrnense para contar los acontecimientos del cuento en orden. Usa palabras como *primero, luego, después* y *al final* como ayuda.

2. ¿Quién cuenta el cuento? ¿Por qué crees que la autora eligió este punto de vista?

3. Papá le dice a Pepita que sea amable. ¿Qué piensas de este consejo? Encuentra detalles en el texto y en las ilustraciones que muestren cómo se siente Pepita en relación con ese consejo.

Sugerencia para la conversación

Pide a tu compañero que te cuente más sobre una de sus ideas. Completa la siguiente oración:

Por favor, cuéntame más sobre _____ .

Escribir una carta

INDICACIÓN ¿Qué debería decir Babette para disculparse con Pepita? Busca detalles en el texto y en las ilustraciones que indiquen qué hizo Babette y cómo se sintió Pepita.

PLANIFICA Primero, toma nota de las cosas por las que Babette debería disculparse.

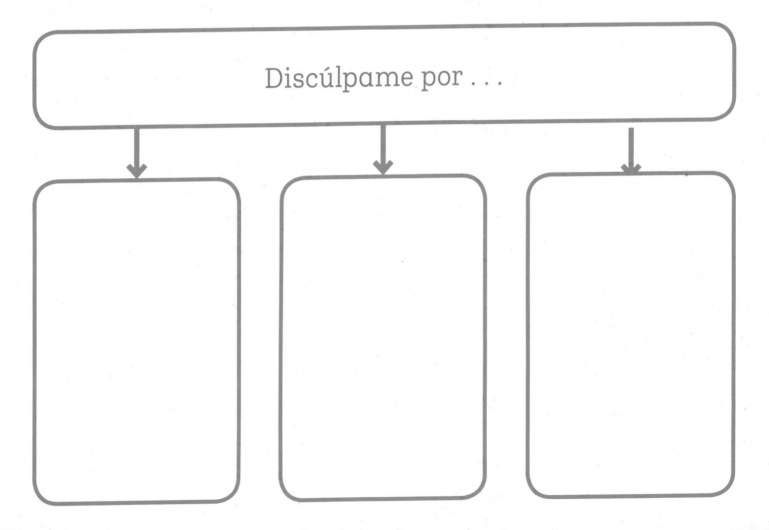

Discúlpame por . . .

ESCRIBE Ahora, ¡ayuda a Babette a disculparse! Escribe una carta de disculpa de Babette para Pepita. Recuerda:

- Usa la palabra *porque* para explicar por qué Babette se disculpa.

- Usa mayúscula y dos puntos en el saludo. Comienza la carta con *Querida Pepita:* y termínala con *Tu amiga, Babette.*

_____

_____

_____

_____

_____

_____

_____

_____

_____

Prepárate para leer

ESTUDIO DEL GÉNERO Los cuentos de **ficción realista** son historias inventadas, pero podrían suceder en la vida real.

HACER UNA PREDICCIÓN Da un vistazo a "Más de una forma de ganar". Alex y Maya son los corredores más rápidos de la escuela. ¿Qué crees que pasará cuando no estén de acuerdo?

_____

_____

_____

_____

_____

_____

_____

ESTABLECER UN PROPÓSITO Lee para descubrir qué lección aprenden los personajes del cuento.

Más de una forma de ganar

LEE ¿Qué sucede al principio del cuento? <u>Subraya</u> por qué Maya se enojó.

Maya y Alex son los corredores más rápidos de la escuela. Son amigos, pero en la pista siempre intentan ganar. Un día, Maya oyó a Alex decirle a sus amigos que a veces simplemente la dejaba ganar. Maya estaba enojada. Sabía que no debía hacerlo, pero le dijo algo feo a Alex. Ahora no se llevan bien. Entonces, deciden solucionarlo con una carrera. ▶

Para leer con atención

Numera los acontecimientos principales en orden.

VERIFICAR LO QUE ENTENDÍ

¿Qué has aprendido sobre Alex y Maya?

_____

_____

_____

LEE ¿De qué se trata principalmente esta parte del cuento?

Para leer con atención

Escribe un **!** junto a alguna parte sorprendente.

Comienza la carrera. Maya y Alex van empatados todo el camino cuando, de repente, Alex se cae. Maya debe decidir: ¿sigue corriendo o se detiene a ayudar a Alex?

—Estoy bien —gruñe Alex mientras se frota el tobillo—. Sigue.

—No seas tonto —dice Maya mientras lo ayuda a levantarse.

Luego, mientras se apoyan uno en el otro, cojean juntos hasta la línea de llegada.

Maya sonríe: —Lamento nuestro desacuerdo, Alex.

—Yo también lo siento. ¡Quizá deberíamos hacer carreras de relevos juntos en lugar de competir entre nosotros! —sugiere Alex.

—Cuenta conmigo. ¡Hacemos un gran equipo!—dice Maya.

VERIFICAR LO QUE ENTENDÍ

¿Qué lección aprenden Maya y Alex?

_____

_____

_____

ESCRIBE SOBRE ELLO Vuelve a contar el cuento con tus propias palabras. Usa detalles del cuento para contar qué sucede al principio, en el desarrollo y al final.

_____

_____

_____

_____

_____

_____

_____

_____

_____

_____

Prepárate para leer

ESTUDIO DEL GÉNERO ▸ Las **infografías** dan información rápidamente y de manera visual. Mientras lees *¡Tienes superpoderes! ¡Aprende a usarlos!*, observa:

- el propósito de la infografía
- cómo se relacionan las imágenes, los símbolos y las palabras
- las palabras o frases que estén destacadas
- qué quiere el autor que aprendas

ESTABLECER UN PROPÓSITO ▸ Piensa en la **idea principal** de la infografía. ¿Cómo se relacionan las palabras, los números y los símbolos para que puedas comprender el propósito de la infografía?

Desarrollar el contexto: Acoso

¡TIENES SUPERPODERES!

¡Aprende a usarlos!

por Ruben Cooley

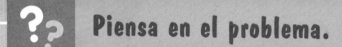 Identifica el problema.

Piensa en el problema.

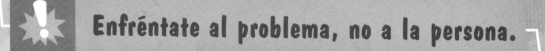 Enfréntate al problema, no a la persona.

Escucha y mantén la mente abierta.

 Respeta los sentimientos.

Perdón Sé consciente de que todos cometemos errores: reconoce los tuyos.

Deja fuera de combate a estos enemigos:

Golpear	Amenazar	Empujar
Insultar		Poner excusas
No escuchar	Hacer caras	Acosar

¡Hola, ciudadanos!

¡El Capitán Resuelveproblemas está aquí!

Me han dicho que hay algunos problemas en las calles. Algunos niños no saben cómo resolver los problemas. No, no los problemas de *matemáticas*, sino los problemas que existen entre ellos. ¡Necesito que me ayuden a difundir mis consejos!

Expliquemos esto un poco. Cuando compartan mis consejos, estos son los tres más importantes para comenzar. Cuando hay un problema, los niños primero deben identificar que ese problema existe. Las personas no siempre están de acuerdo. Luego, deben pensar cuál es el problema antes de poder resolverlo. Recuerden que deben enfrentarse al problema, no a la persona. ¡Eso solo empeoraría las cosas!

¡TIENES SUPERPODERES!
¡Aprende a usarlos!
por Ruben Cooley

Identifica el problema.
Piensa en el problema.
Enfréntate al problema, no a la persona.
Escucha y mantén la mente abierta.
Respeta los sentimientos.
Sé consciente de que todos cometemos errores: reconoce los tuyos.
Deja fuera de combate a estos enemigos: Golpear Amenazar Empuj
Insultar Poner excusas
No escuchar Hacer caras Acosa

1. Identifica el problema.

2. Piensa en el problema.

3. Enfréntate al problema, no a la persona.

Y, ¿qué pueden hacer los niños?

¡Compartir los tres consejos siguientes!

 4. Escucha y mantén la mente abierta.

 5. Respeta los sentimientos.

 **6.** Sé consciente de que todos cometemos errores: reconoce los tuyos.

Los niños deben escucharse entre sí. Alguien más podría tener una idea diferente de lo que pasó. Podría ser solo un malentendido. Escucharse entre sí también muestra que respetan los sentimientos de la otra persona. Saber que a alguien le importan tus sentimientos te hace sentir mejor, ¿cierto? ¡Eso también puede ayudar a resolver los problemas!

Por último, reconocer los errores forma parte de la vida. Cuando compartas mis consejos con otros niños, asegúrate de saber este muy bien. ¡Practícalo tú mismo! Todos podemos cometer errores, pero puede resultar difícil admitirlo. ¡Reconocer que cometiste un error te hace un ciudadano o una ciudadana valiente!

Golpear

Acosar

Amenazar

Insultar

Empujar

No escuchar

¡PUM!

Poner excusas

Hacer caras

Estos son los enemigos que pueden impedir que los niños resuelvan un problema y hacer que el problema empeore. ¡Búscalos todos los días y ayuda a detenerlos!

Mi trabajo aquí ha terminado. ¡Gracias por compartir mis consejos para resolver problemas, ciudadanos! Sé que, con su ayuda, ¡tendremos más ciudadanos y ciudadanas en las calles solucionando problemas!

¡Usa tus superpoderes para resolver los problemas!

Usa detalles de *¡Tienes superpoderes! ¡Aprende a usarlos!* para contestar estas preguntas con un compañero.

1. **Idea principal** ¿Cuál es el mensaje del héroe? ¿Qué detalles del texto te ayudan a descubrir la idea principal?

2. ¿Cómo te ayudan los números, los símbolos y las palabras a comprender de qué te quiere persuadir el héroe?

3. El héroe dice que admitir que cometiste un error te hace valiente. Piensa en alguna vez en que cometiste un error. ¿Cómo te ayuda eso a comprender lo que quiere decir el héroe?

Sugerencia para la conversación

Completa la oración para pedirle más información sobre una respuesta a tu compañero.

Dime más acerca de _____.

¡Hora de concluir!

(?) Pregunta esencial

¿Cómo podemos resolver los desacuerdos?

· ·

Elige una de estas actividades para mostrar lo que aprendiste sobre el tema.

1. Cántalo

Crea una canción sobre lo que hay que hacer cuando surge un problema. Repasa los textos para buscar ideas sobre cómo resolver un conflicto. Comparte tu canción con la clase.

> **Desafío de palabras**
>
> ¿Puedes usar la palabra acuerdo en tu canción?

2. Haz un glosario

Busca palabras en los textos que digan cómo resolver un problema. Haz una lista de al menos cinco palabras. Luego, ordénalas alfabéticamente. Al lado de cada palabra, escribe su significado.

Mis notas

Había una vez

"Ningún libro termina nunca cuando está lleno de amigos tuyos".

—Roald Dahl

? Pregunta esencial

¿Qué lecciones podemos aprender de los personajes de los cuentos?

Video de
Mentes curiosas

121

Palabras acerca de contar cuentos

Completa la Red de vocabulario para mostrar lo que sabes sobre estas palabras.

versión

Significado: Una **versión** es una forma diferente o cambiada de algo.

Sinónimos y antónimos	Dibujo

identificarse

Significado: **Identificarse** con una persona es entender cómo se siente.

Sinónimos y antónimos	Dibujo

moraleja

Significado: Una **moraleja** es una lección que se enseña a través de una historia.

Sinónimos y antónimos	Dibujo

Receta de cuento de hadas

Puedes usar una receta para preparar el desayuno, el almuerzo o la cena. ¿Puedes usar una también para crear un cuento de hadas? ¡Vamos a averiguarlo!

Ingredientes

príncipe

princesa

dragón

castillo

huevos de oro

cesta de pícnic

Instrucciones

1. Primero, mezcla un poco los ingredientes.

2. Toma el castillo y el dragón.

3. Agrega un príncipe, una princesa y una cesta de pícnic.

4. Luego, espolvorea una pizca de tontería.

5. Mézclalo todo. ¿Qué obtuviste? ¡Sigue leyendo y descúbrelo!

El cuento

Érase una vez un dragón que vivía solo en un castillo. Nunca salía ni abría la puerta. Los vecinos del pueblo pensaban que era malo.

Un día, un valiente príncipe y una atrevida princesa decidieron salvar a su atemorizado reino del dragón. Llegaron hasta la puerta del castillo y el príncipe gritó:

—Abre la puerta o soplaré y soplaré y tu casa derribaré.

El dragón estaba muy sorprendido. Echó un vistazo por la ventana y preguntó:

—¿En serio? ¿Y qué pasará si **sí** abro la puerta?

La princesa sostuvo en alto una cesta de pícnic.

—Entonces, podemos almorzar —dijo.

El solitario dragón abrió la puerta e invitó a sus nuevos amigos a pasar para almorzar. Y todos vivieron felices por siempre.

¡Sé tú el cocinero!

¿Qué mezclarías tú para preparar un cuento de hadas?

Prepárate para leer

ESTUDIO DEL GÉNERO ▸ Los **textos de procedimiento** explican a los lectores cómo hacer algo. Mientras lees *Cómo leer un cuento*, presta atención a:

- las instrucciones para los lectores
- el mensaje y los detalles
- los pasos que muestran un orden
- la manera en que los elementos visuales y las palabras ayudan a los lectores a comprender el texto

ESTABLECER UN PROPÓSITO ▸ Lee para hacer suposiciones, o **inferencias**, acerca de detalles que la autora no revela. Usa las pistas del texto y las ilustraciones como ayuda.

PALABRAS PODEROSAS
acogedor
humeante
pista
sentido
parar
molestar
tintinear
enfrentarse

Conoce a Kate Messner.

CÓMO LEER UN CUENTO

por Kate Messner   ilustraciones de Mark Siegel

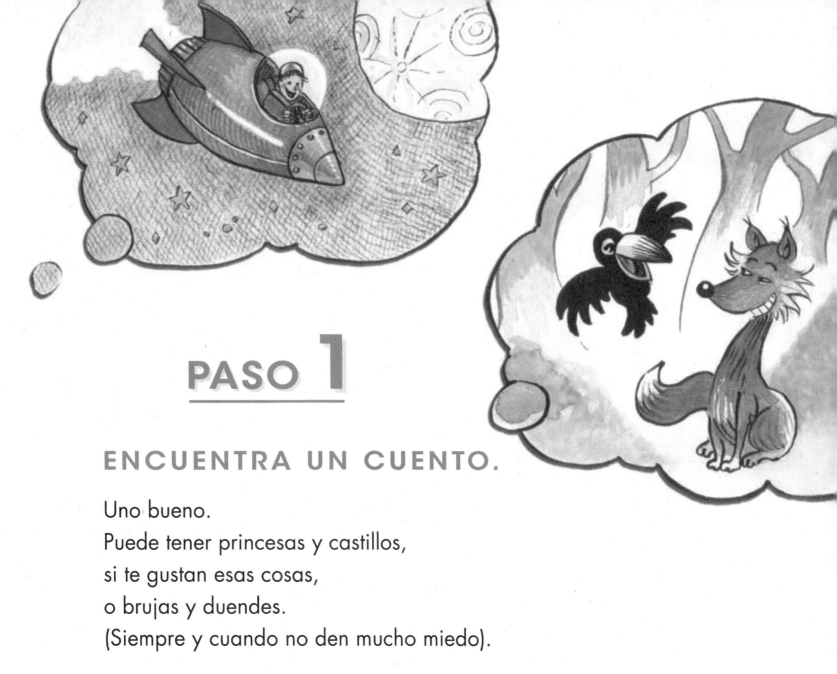

PASO 1

ENCUENTRA UN CUENTO.

Uno bueno.
Puede tener princesas y castillos,
si te gustan esas cosas,
o brujas y duendes.
(Siempre y cuando no den mucho miedo).

PASO **2**

ENCUENTRA UN COMPAÑERO DE LECTURA.

Uno bueno.

Un compañero puede
ser mayor que tú...

o más joven...

o alguien de tu misma edad.

O incluso puede no ser una persona.

Asegúrate de que tu compañero de lectura sea simpático y agradable.

Y asegúrate de que a ambos les guste el libro.

Si no se ponen de acuerdo… vuelvan al Paso 1.

A veces, se necesitan varios intentos para encontrar el libro adecuado.

PASO 3

ENCUENTRA UN LUGAR ACOGEDOR PARA LEER.

Al aire libre es divertido… si no hace mucho frío.
A menos que tengas cobijas gruesas de lana, gorros,
bufandas y tazas de chocolate caliente humeante.

Y si no hace mucho calor.
A menos que tengas algún árbol para protegerte del sol, una hamaca para sentir la brisa fresca y vasos grandes de limonada helada.

Dentro de la casa se está bien. Los sillones son cómodos, al igual que las sillas grandes en las que caben dos.

Solo ten cuidado de no quedarte atorado.

PASO 4

OBSERVA LA PORTADA DEL LIBRO.

¿Puedes adivinar de qué trata?
Lee el título. Eso puede darte una pista.

PASO 5

ABRE EL LIBRO.

(¡Esta es la parte emocionante!).

Lee el cuento en voz alta, con claridad,
ni muy rápido ni muy lento.

Puedes seguir las palabras con el dedo, si
quieres, pero no es necesario que lo hagas.

"Érase

una vez..."

 **PASO 6** Cuando hablen los personajes,
digan lo que digan, dilo con una
voz que encaje con cada personaje.

"Yo salvaré el reino".

"¡Soy el más PODEROSO
del mundo!".

"Pronto el castillo
será MÍO".

"Tengo
hambre".

"Bip".

PASO 7

Sea lo que sea lo que estés leyendo, sujeta el libro de manera que tu compañero pueda ver las ilustraciones. Los compañeros de lectura se impacientan si no ven bien.

PASO 8

Si hay palabras que no conoces, intenta averiguar su significado o mira las ilustraciones para ver si así cobran sentido.

"Tenían miedo de que el dragón quemara el cas... cas... ¡Ah!... ¡El castillo!".

Tenían miedo de que el dragón quemara el castillo.

Si necesitas un descanso, puedes parar un momento y hablar con tu compañero de lectura para predecir qué pasará a continuación.

¿Se incendiará el castillo?

¿La princesa domará al dragón?

¿El robot se casará con la princesa?

¿El caballo se hará amigo del dragón?

¿El dragón se los comerá a todos para cenar?

PASO 9

Cuando llegues a las partes emocionantes,
haz que tu voz también suene emocionante.

–¿Quién se atreve a molestarme en mi cueva?

–gruñó el dragón.

–¡Ay, no! ¡No puede ser!
–El robot estaba tan asustado que todas
sus piezas de metal tintinearon.
¿Qué iban a hacer ahora?

Pero la princesa se enfrentó al
dragón y lo venció.

–¡Debes prometerme que
dejarás en paz a nuestro reino!

Cuando tu compañero y tú no puedan aguantar
ni un segundo más...

pasa la página para leer
cómo termina la historia.

PASO 10

Cuando acabes el libro, di:

"Fin".

Y entonces… si de verdad
te pareció un buen cuento…
vuelve al principio y léelo otra vez.

Conversación en parejas

Usa detalles de *Cómo leer un cuento* para contestar estas preguntas con un compañero.

1. **Hacer inferencias** ¿Por qué es importante encontrar el libro adecuado para ti y tu compañero de lectura?

2. ¿Cómo se conectan los pasos en el texto? ¿Qué quiere la autora que aprendas de ellos?

3. ¿Qué crees que piensa la autora sobre la lectura? ¿Qué quiere que los demás piensen sobre la lectura? Usa detalles del texto para explicar tus ideas.

Sugerencia para la conversación

¡Tus ideas son importantes! Asegúrate de hablar alto y claro cuando las compartes.

Escribir más pasos

INDICACIÓN Piensa en cómo seguir los pasos de *Cómo leer un cuento* te puede ayudar a que leer sea más divertido. Ahora piensa qué hace que leer sea divertido para ti. ¿Qué otros pasos podrías agregar al texto?

PLANIFICA Primero, dibuja dos pasos que sigues y que te gustaría compartir con los demás. Asegúrate de que sean diferentes de los pasos que aparecen en el texto.

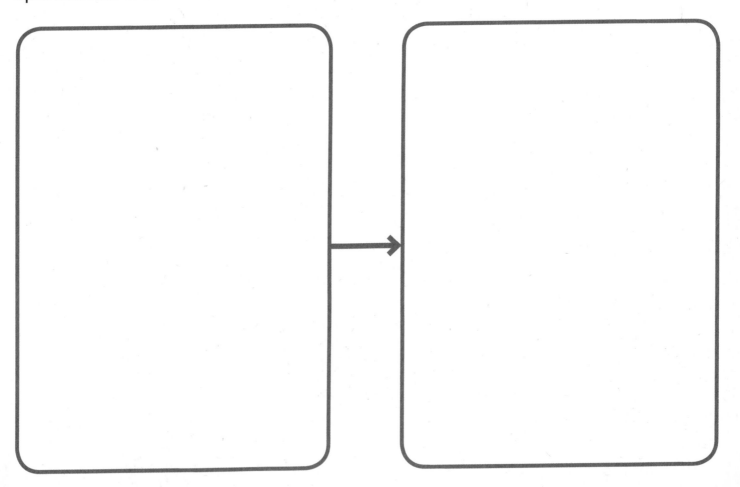

ESCRIBE Ahora, escribe tus propios pasos para agregar a *Cómo leer un cuento*. Recuerda:

- Elige verbos que indiquen a los lectores exactamente qué hacer.
- Usa un lenguaje que anime a los lectores a seguir tus pasos.

_____

_____

_____

_____

_____

_____

_____

_____

_____

_____

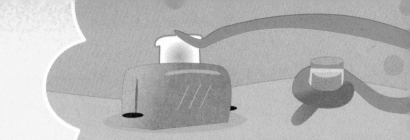

Prepárate para leer

ESTUDIO DEL GÉNERO Los **textos de procedimiento** explican a los lectores cómo hacer algo.

HACER UNA PREDICCIÓN Da un vistazo a "Cómo encontrar un cuento". Observa las características del texto, como los números y el texto destacado. ¿Sobre qué crees que tratará el texto?

_____

_____

_____

_____

_____

_____

ESTABLECER UN PROPÓSITO Lee para descubrir cómo encontrar un cuento y para comprobar si tu predicción es correcta. Si no lo es, piensa en el texto y observa las características del texto con cuidado. Luego, haz una nueva predicción.

Cómo encontrar un cuento

LEE ¿Por qué podría dar un poco de miedo comenzar a escribir un cuento?

¿Qué tienen en común los escritores? Todos comienzan con una hoja en blanco. Una hoja en blanco puede ser emocionante, está llena de posibilidades. Piensa en todas las historias que han cobrado vida en una hoja de papel. Pero también te puede dar un poco de miedo. ¿Cómo se llenará?

Para leer con atención

Escribe una **C** cuando hagas una conexión.

Una forma de encontrar ideas es leer, leer, LEER. La mayoría de los escritores leen mucho. Estudian cómo *sus* escritores favoritos crean personajes y describen acontecimientos. Piensan en cuáles serían los ingredientes para una gran historia.

¿Qué otras cosas pueden hacer los escritores para crear? ▶

149

LEE ¿Cómo se conectan los pasos en esta lista?

Estos pasos te ayudarán a pensar en ideas sobre las que escribir.

1. **¡Ten curiosidad!** Las ideas están por todos lados. Mira y escucha donde sea que vayas.

2. **Toma notas.** Lleva un cuaderno contigo. Escribe y haz un borrador de las ideas que tienes.

3. **¡Arriésgate!** Tal vez ahora una idea te parezca extraña o ridícula, pero puede convertirse en algo maravilloso. No tengas miedo de cometer errores. Así es como se aprende.

4. **Escribe todos los días.** Usa las ideas de tu cuaderno. Tal vez escribas un poquito. Tal vez escribas mucho. Observa adónde te llevan tus ideas.

Cuando llegue la hora de llenar esa hoja en blanco, ¡estarás listo!

VERIFICAR LO QUE ENTENDÍ

¿Cuál es el propósito del autor al escribir este texto? ¿Por qué hace una lista numerada?

_____

_____

_____

_____

ESCRIBE SOBRE ELLO   Lee los pasos con atención. ¿Qué
otros pasos podrían ayudar a los lectores a encontrar y
desarrollar sus ideas? Escribe dos pasos más que quieras agregar
a la lista del autor. Asegúrate de pensar en el orden de los pasos.
¿En qué parte de la lista irían tus pasos?

_____

_____

_____

_____

_____

_____

_____

_____

_____

_____

Prepárate para leer

ESTUDIO DEL GÉNERO ▶ Los **obras de teatro** son textos que se leen y se representan. Mientras lees *Amiga hormiga,* busca:

- la lista de los personajes
- un narrador que lee las palabras que los personajes no dicen
- el ambiente, o dónde y cuándo ocurre la historia

ESTABLECER UN PROPÓSITO ▶ Mientras lees, **crea imágenes mentales,** o forma imágenes en tu mente, como ayuda para entender los detalles del texto.

PALABRAS PODEROSAS

lluvioso

pinar

bello

extrañar

Conoce a Alma Flor Ada y F. Isabel Campoy.

Amiga hormiga

Versión teatral de F. Isabel Campoy y Alma Flor Ada

PERSONAJES

NARRADOR

CIGARRA

GORRIÓN CLARO

PÁJARO CARPINTERO

SEÑORA HORMIGA

ARDILLA MAYOR

ABEJA REINA

Narrador:

Después de un largo invierno
y de una lluviosa primavera,
llegó por fin el verano.

Cigarra:

¡Cómo me gusta!
¡Cómo me encanta!
Pasar el verano
canta que canta...

Cucú, cantaba la rana.
Cucú, debajo del agua.
Cucú, pasó un caballero.
Cucú, con capa y sombrero.

Gorrión Claro:

Cigarra, ¡qué alegre es tu cantar!

Pájaro Carpintero:

¡Cómo se alegra todo el pinar!

Señora Hormiga:

Sí, sí, pero en invierno,
¿qué comerás?

154

Cigarra:

Tengo una muñeca
vestida de azul,
con zapatos blancos
y velo de tul.
La saqué a paseo,
se me resfrió.
La metí en la cama
con mucho dolor.
Esta mañanita
me dijo el doctor
que le dé jarabe
con un tenedor.

Narrador:

Y así pasaban los días:
la hormiga trabajando
y la cigarra cantando.

Señora Hormiga:

¡Uf, qué cansada estoy!
Todo el día sube y baja,
sube y baja,
buscando comida para el invierno.

155

Cigarra:

Señora Hormiga, mi buena amiga.
Cante conmigo este nuevo son.
Venga a cantarle a mi amigo el sol:

El día en que tú naciste,
nacieron las cosas bellas,
nació el sol, nació la luna
y nacieron las estrellas.

Señora Hormiga:

Me gustaría poder sentarme
en esa rama a cantar,
pero tengo que trabajar.

Narrador:

Y así pasaban los días:
la hormiga trabajando
y la cigarra cantando.

Narrador:

Llegó el otoño y luego el invierno.
Cayó nieve. Todos los animales
estaban metidos en sus casas.

Ardilla Mayor:

Ardillitas, a la mesa,
que hoy para cenar
tenemos piñas del pinar.

Abeja Reina:

Abejitas, a la mesa,
que hoy cenaremos
polen y miel.

Narrador:

Todos los animales tenían algo
que comer, menos... la cigarra.

Cigarra: *(Titiritando).*
¡Burrrrr, qué frío hace!
Y no tengo nada que comer.
¿Qué voy a hacer?

Narrador:

Llena de vergüenza, la cigarra llamó
a la puerta de la Señora Hormiga.

Cigarra:

Señora Hormiga, ¿me podría dar
algo de comer?
Los campos están nevados
y no hay nada en los prados.
Ya sé que usted me lo advirtió...

Señora Hormiga:

La verdad, amiga cigarra,
que he extrañado su canto
en la oscuridad de mi agujero.
Y me doy cuenta
de lo mucho que me
alegraba escucharla.
Pase, pase usted.

Narrador:

Y así fue como la hormiga acogió a la cigarra
en el hormiguero calentito.
Y la invitó a comer de su comida almacenada.
Y la cigarra cantó
para alegrar los largos días de invierno.
Y su canto hacía recordar
el perfume de las flores...
y era como si el hormiguero
se llenara de sol.

Usa detalles de *Amiga hormiga* para contestar estas preguntas con un compañero.

1. **Crear imágenes mentales** Cuando llega el invierno, la cigarra le pide comida a la hormiga. La hormiga la invita a pasar a su hormiguero. ¿Cómo es el hormiguero? Usa los detalles del texto como ayuda para crear una imagen mental. Luego, descríbele esa imagen a un compañero.

2. ¿Cuál es la diferencia entre el narrador y el resto de los personajes de la obra de teatro?

3. ¿Por qué las fábulas son una buena forma de enseñar una lección? ¿Qué lección aprendes con esta fábula?

Sugerencia para escuchar

Mira a tu compañero mientras lo escuchas. Asiente para demostrar que estás interesado.

Escribir una nota de agradecimiento

INDICACIÓN ¿Cómo crees que se siente la cigarra cuando la hormiga la invita a su hormiguero? Usa detalles de las palabras y de las ilustraciones para explicar tus ideas.

PLANIFICA Primero, agrega a la red palabras que describan cómo crees que se sintió la cigarra después de que la hormiga la invitara a su casa.

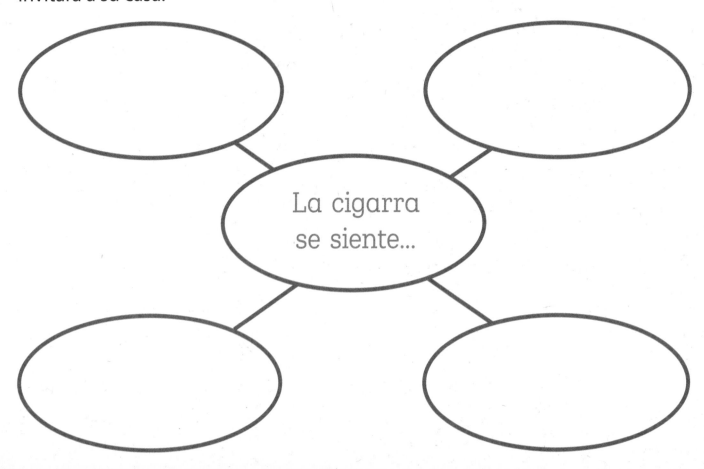

La cigarra se siente...

ESCRIBE Ahora, escribe una nota en la que la cigarra le agradezca a la hormiga por haberla invitado. Recuerda:

- Incluye detalles de la obra que expliquen por qué la cigarra le da las gracias a la hormiga.

- Comienza la nota con *Querida Señora Hormiga:* y termínala con *Tu amiga, la cigarra*.

_____

_____

_____

_____

_____

_____

_____

_____

_____

Prepárate para leer

ESTUDIO DEL GÉNERO Las **obras de teatro** son textos que se leen y se representan.

HACER UNA PREDICCIÓN Da un vistazo a "El Viento y el Sol". Viento y Sol tienen un desacuerdo. Ya sabes que las obras de teatro tienen personajes, diálogo y un ambiente. ¿Sobre qué crees que tratará esta obra?

_____

_____

_____

_____

_____

ESTABLECER UN PROPÓSITO Lee para descubrir cómo Viento y Sol deciden resolver el desacuerdo.

El Viento y el Sol

LEE Encierra en un (círculo) las palabras que crean una imagen en tu mente.

Personajes: Bob, Narrador, Sol, Viento

Ambiente: un fresco día de primavera en el campo

Para leer con atención

Subraya las palabras que describen el ambiente.

NARRADOR: Muy alto en el cielo, comienza un desacuerdo.

VIENTO: No quiero alardear, pero yo soy la fuerza más poderosa del universo.

SOL: No estoy de acuerdo, amigo. Mi poder es mayor.

VIENTO: ¡Claro que no! Piénsalo. Si quiero, puedo retorcerme y convertirme en un tornado gigante.

SOL: Sí, pero mi calor y mi luz pueden hacer que las semillas diminutas crezcan y se conviertan en árboles inmensos.

VIENTO: Vamos a arreglarlo de una vez por todas.

NARRADOR: En ese instante, vieron a un hombre de paseo. Llevaba puesto un abrigo de lana. ▶

163

LEE ¿De qué manera las direcciones de escena dicen más sobre los personajes?

SOL: ¿Qué te parece esto? El que le saque el abrigo a Bob, gana.

VIENTO: Vaya, esto será muy fácil. *(Sopla fuerte)*. ¡Ffffffffff!

NARRADOR: Bob tirita un poco.

VIENTO: *(Sopla más fuerte)*. ¡Ffffff! ¡Fffffffffff! ¡Fffffffffffffff!

BOB: Vaya, qué ventoso. Me voy a abotonar el abrigo. ¡Brrrr!

SOL: Es mi turno. Voy a dar más calor y voy a brillar y ¡BRILLAR!

NARRADOR: Bob sonríe y se saca el abrigo.

BOB: Vaya, qué lindo se siente el sol. Qué día más raro.

VIENTO: Solcito, ganaste honestamente. Aprendí una lección.

SOL: *(Sonríe)*. Ser amable también es un gran poder.

VERIFICAR LO QUE ENTENDÍ

¿Por qué el ambiente es importante en esta obra?

_____

_____

_____

_____

ESCRIBE SOBRE ELLO ¿Cómo contaría el cuento Bob? Escribe los acontecimientos en orden de la forma en que Bob los contaría. Describe lo que Bob pensaba, sentía y hacía durante su paseo.

_____

_____

_____

_____

_____

_____

_____

_____

_____

_____

_____

Prepárate para leer

ESTUDIO DEL GÉNERO ▸ Los **textos de fantasía** son cuentos con acontecimientos inventados que, en realidad, no podrían suceder. Mientras lees *Una gallina en Hollywood,* busca:

- personajes animales que hablan y se comportan como personas
- el principio, el desarrollo y el final del cuento
- problemas y soluciones

ESTABLECER UN PROPÓSITO ▸ Usa lo que sabes sobre los textos de fantasía para hacer una **predicción**, o suposición, acerca de lo que sucederá. Lee para confirmar que tu predicción es correcta. Si no lo es, haz una nueva predicción.

PALABRAS PODEROSAS
viaje
cumplir
creer
discurso

Desarrollar el contexto: Hollywood

UNA GALLINA
EN HOLLYWOOD

por Lisa Fleming   ilustraciones de Will Terry

Estimada Luz Cruz:

¡Estoy deseando salir del nido! La vida en estas colinas verdes es aburrida, aburrida, aburrida. Las interminables tierras de cultivo, las noches silenciosas y el mismo menú de maíz y más maíz no me satisfacen en absoluto. ¡Necesito más de la vida! ¡Mi sueño es saltar al escenario! ¡Quiero abrirme camino en la ciudad donde los sueños se hacen realidad! ¡Yo podría ser la próxima actriz gallinácea en triunfar a lo grande! Yo, la Gallina Lily, ¡tendré una estrella en el Paseo de la Fama Avícola de Hollywood! Hollywood, ¡allá voy!

Atentamente,
Gallina Lily

169

Sra. Cruz, soy Gallina Lily. ¡Lo logré! Ya estoy aquí en Hollywood. El viaje fue muy largo. Partí de los extensos campos verdes de mi hogar y atravesé montañas y desiertos. Lo pasé mal al cruzar los pequeños pueblos llenos de casas, carros y personas. Incluso escapé por los pelos de las garras de un gato en Burbank, ¡pero lo logré!

¡Oh, la ciudad! ¡Es tal y como la había imaginado! ¡Es grande, hermosa y llena de vida! Los edificios son muy altos. Hay gente por todas partes. El ruido de la ciudad no se parece en nada al silencio de mi hogar en la granja.

170

¡Gallina Lily, estoy muy feliz de que ya estés aquí! Descansa un poco porque mañana tienes tu primera audición. ¡Sé que los vas a dejar boquiabiertos! Pásate por mi oficina para que vayamos juntas. ¡Besos!

¡Gallina Lily!

Querida, ¿a que no lo adivinas? ¡Conseguiste el papel principal en la película *Cruzando la carretera: el otro lado*! ¡Ya te dije que tu audición había estado muy bien! Debes estar mañana en el plató a las 8 de la mañana en punto. ¡No llegues tarde!

¡Besos!

Luz Cruz

Luz:

¡Estoy orgullosa como un pavo real! ¡Muchas gracias por ayudarme! Cuando llamé a casa para hablar con Rojita, ¡me dijo que estoy en boca de todos en el pueblo! Espero hacer que se sientan orgullosos de mí.

Felizmente,

Gallina Lily

Querido diario gallináceo:

Hoy pude conocer a los otros actores de mi película. Muchos de ellos han asistido a escuelas importantes de interpretación para gallinas. Muchos provienen de familias donde todos los pollos trabajan en el cine. ¿Y si no encajo entre ellos?

Desde luego, uno de los actores me hizo sentir que verdaderamente no pertenezco a este mundo. Cris la Lombriz hizo un chiste sobre mi manera de hablar. Creía que no lo estaba escuchando, ¡pero lo oí muy bien!

¿Tomé la decisión equivocada al abandonar la granja? ¿Y si no puedo cumplir mi sueño? Tal vez debería contarle a Luz Cruz que tengo problemas en el plató. Sin embargo, no quiero que piense que soy tan indefensa como un pollito.

Querido diario gallináceo:

¡Quién lo iba a creer! ¡*Cruzando la carretera: el otro lado* se ha convertido en un éxito de taquilla! El éxito de la película ha hecho que quiera esforzarme aun más. He comenzado a tomar clases de interpretación especiales para gallinas. Todos los días me reúno con mis amigos para practicar mis habilidades como actriz y creo que está dando resultados. ¡Mañana empezamos a filmar *Cruzando la carretera 2: la autopista!*

Hay algo que todavía me preocupa: Cris. Nunca me habla en el plató. Yo intento ser amable con él, pero siempre hace el tipo de bromas que lastiman mis sentimientos. ¿Seguirá pensando que este no es mi lugar? Ya hablé con Luz sobre esto y me dijo: "¡Simplemente habla con él, Gallina Lily! He trabajado con él durante mucho tiempo. ¡Es posible que te estés preocupando por nada!". Quiero hablar con él. ¡Es solo que estoy asustada!

Querida Lily: ¡Tengo GRANDES noticias para ti! Acabo de recibir una carta del Comité de Estrellas Avícolas. Tu sueño se está haciendo realidad: ¡te quieren dar una estrella en el Paseo de la Fama Avícola de Hollywood! La ceremonia será el próximo viernes al mediodía.

Luz, ¡esta es la mejor noticia que he recibido en toda mi vida! No puedo creer todo lo que ha sucedido. El año pasado, después del éxito de *Cruzando la carretera 9: la hora de la grava*, ¡pensé que nunca me darían una estrella!

Querido diario gallináceo:

¡Hoy fue la ceremonia de la estrella y fue fantástica! ¡Tuve que dar un discurso! También dejé mis huellas en el cemento húmedo sobre mi estrella. ¡Mi sueño se hizo realidad!

Todos mis amigos de las películas de *Cruzando la carretera* estuvieron allí. Bueno, todos menos Cris.

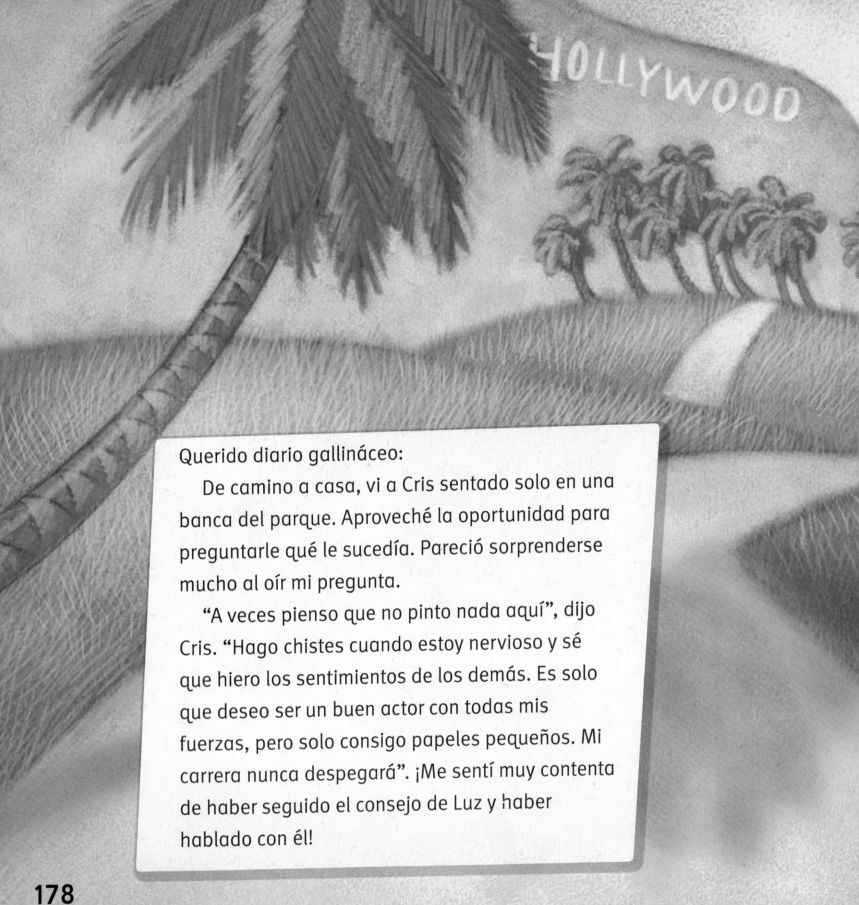

Querido diario gallináceo:

De camino a casa, vi a Cris sentado solo en una banca del parque. Aproveché la oportunidad para preguntarle qué le sucedía. Pareció sorprenderse mucho al oír mi pregunta.

"A veces pienso que no pinto nada aquí", dijo Cris. "Hago chistes cuando estoy nervioso y sé que hiero los sentimientos de los demás. Es solo que deseo ser un buen actor con todas mis fuerzas, pero solo consigo papeles pequeños. Mi carrera nunca despegará". ¡Me sentí muy contenta de haber seguido el consejo de Luz y haber hablado con él!

Rodeé a Cris con el brazo y le conté mi historia. Le hablé sobre mi viaje desde la granja y sobre cuántas veces me había preguntado si alguna vez me adaptaría a este mundo. Le hablé sobre mis años y años de práctica y de grandes esfuerzos. Y le dije que yo lo ayudaría a hacer realidad sus sueños. Tal vez, algún día, mi amigo Cris podría ser la primera lombriz en tener una estrella en el Paseo de la Fama Avícola de Hollywood.

Conversación en parejas

UNA GALLINA EN HOLLYWOOD
por Lisa Fleming · Ilustraciones de Will Terry

Usa detalles de *Una gallina en Hollywood* para contestar estas preguntas con un compañero.

1. **Hacer y confirmar predicciones** ¿Qué predicciones hiciste acerca del problema y la resolución antes de leer y mientras leías? ¿Qué coincidió con tus predicciones? ¿Qué fue diferente?

2. ¿Cómo cambian los lugares en los que vive Lily a lo largo del cuento? ¿Qué pistas sobre su éxito ves en las ilustraciones?

3. ¿Cómo se siente Lily cuando habla con Cris al final del cuento? ¿Cómo demuestra lo que siente?

Sugerencia para escuchar

Escucha con atención y amabilidad. Mira a tu compañero para demostrarle que estás prestando atención.

Escribir un anuncio de una película

INDICACIÓN Los anuncios de películas usan palabras e ilustraciones para animar a las personas a que vayan a ver una película. ¿Cómo sería el anuncio de la película *Cruzando la carretera: el otro lado?* Busca detalles en las palabras y en las ilustraciones como ayuda para pensar en ideas.

PLANIFICA Primero, piensa en una escena emocionante que podría estar en la película. Dibújala. Agrega el título y la lista de nombres de las estrellas.

ESCRIBE Ahora, pregúntate qué haría que tú quisieras ver la película. Escribe oraciones para convencer a otros niños de que también la vean. Recuerda:

- Incluye detalles sobre las estrellas y el ambiente de la película.

- Usa palabras descriptivas como *la mejor, la más divertida* o *estupenda*.

_____

_____

_____

_____

_____

_____

_____

_____

_____

Prepárate para leer

ESTUDIO DEL GÉNERO Los **textos de fantasía** son cuentos con acontecimientos inventados que, en realidad, no podrían suceder.

HACER UNA PREDICCIÓN Da un vistazo a "La mejor vista". Dos amigos tienen ideas diferentes sobre dónde ver la puesta de sol. ¿Qué crees que sucederá?

_____

_____

_____

_____

_____

_____

ESTABLECER UN PROPÓSITO Lee para comprender la lección que aprendió uno de los personajes.

La mejor vista

LEE <u>Subraya</u> dos símiles. ¿De qué manera hacen que la historia sea interesante?

Una tarde de verano, Hal y Willow decidieron mirar la puesta de sol. Subieron a un árbol alto. Era un lugar hermoso y tranquilo.

—Esta vista es como un sueño —dijo Willow suspirando—. Esto me recuerda a mi poema favorito. Dice así: …

¡CLIC! Hal tomó una foto con su teléfono. Miró la pantalla y frunció el ceño.

—Me parece que esta no es la mejor vista —dijo—. Vayamos a un árbol más alto.

—Bueno, pero tenemos que correr como el viento —dijo Willow—. Ya casi comienza la puesta de sol.

Willow y Hal subieron a un árbol aún más alto con una vista aún más hermosa. ▶

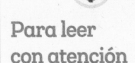

Para leer con atención

Marca las opiniones de los personajes con un *.

LEE ¿Qué palabras te ayudan a imaginar la puesta de sol? Subráyalas.

Para leer con atención

Escribe un **!** junto a alguna parte sorprendente.

—Mira cómo el naranja ardiente del sol se refleja en el agua reluciente —empezó a decir Willow—. Parece…

¡CLIC! Hal tomó otra foto, la miró y volvió a fruncir el ceño.

—¿Puedes creerlo? Ese pájaro acaba de arruinarme la foto.

—Guarda eso —se quejó Willow—. ¡Te estás perdiendo una puesta de sol deslumbrante!

Pero ya era tarde. El sol había bajado. Hal se entristeció.

—No te preocupes —dijo Willow—. Podemos volver mañana y ver la salida del sol.

A la mañana siguiente, Hal no llevó su teléfono. Él y Willow miraron la salida del sol. Era tan linda como una foto.

VERIFICAR LO QUE ENTENDÍ

Piensa en las predicciones que hiciste antes de la lectura y mientras leías. ¿Fueron correctas? Explica por qué.

_____

_____

_____

Citar evidencia del texto

ESCRIBE SOBRE ELLO ¿Qué lección aprende Hal? Usa detalles del texto para explicar tu respuesta.

Prepárate para leer

ESTUDIO DEL GÉNERO ▶ Los **cuentos de hadas** son cuentos antiguos con personajes inventados y acontecimientos que no podrían suceder en la vida real. Mientras lees *La horma de su zapato: Dos cuentos de Cenicienta*, busca:

- pistas que demuestren que los cuentos son imaginarios
- finales felices
- problemas y soluciones

ESTABLECER UN PROPÓSITO ▶ Mientras lees, **haz conexiones** buscando en qué se parece este texto a lo que ves en tu vida o a otros textos que has leído. Esto te ayudará a comprender y recordar el texto.

PALABRAS PODEROSAS

quehacer

entusiasmado

estupendo

iluminarse

placer

celoso

encaminarse

cojear

Conoce a Pleasant DeSpain.

La horma de su zapato:

Dos cuentos de Cenicienta

relatados por Pleasant DeSpain

Una Cenicienta llamada Zoey

Había una vez, no hace mucho tiempo, una niña llamada Zoey. Le encantaba la escuela, especialmente las clases de matemáticas, educación física y ciencias.

A su hermanastro Finn le gustaba gastarle bromas a Zoey.

Un día, su madre estaba intentando conectarse a Internet desde su computadora portátil, pero le fallaba la contraseña.

—Finn, ¿cambiaste mi contraseña?

—No, mamá. Prueba con la contraseña de Zoey.

Y funcionó.

—¡Zoey! —gritó la mamá—. Conoces las reglas. No puedes usar mi computadora sin permiso. En lugar de ir a la fiesta de Randall mañana, harás los quehaceres de Finn y cortarás el pasto.

—Pero, mamá, yo no...

Finn se alejó entre risas.

Randall invitó a todos sus amigos a su fiesta de cumpleaños. Su mamá estaba haciendo un delicioso pastel de chocolate. Randall esperaba que Zoey pudiera ir, porque era una de sus mejores amigas.

Al día siguiente, Finn y su mamá se fueron a la fiesta de Randall.

Sonó el timbre. Era la vecina favorita de Zoey, la señora Fortuna. ¡Siempre había algo en ella que la hacía brillar!

—¿Quieres ir a la fiesta?

—¿Cómo se enteró?

—Guardo algunos secretos, querida.

—Pero el pasto... —comenzó a decir Zoey.

La señora Fortuna sacó de su bolso unas tijeras rojas de podar. Para sorpresa de Zoey, las tijeras salieron volando de las manos de la señora Fortuna. El pasto quedó cortado en segundos.

¡Zoey estaba entusiasmada! Corrió a buscar sus zapatos favoritos, pero Finn los había escondido.

—¿Y qué me voy a poner ahora?

La señora Fortuna le dio un par de tenis dorados. ¡A Zoey le parecieron estupendos!

De camino a casa de Randall, uno de los tenis de Zoey se desató, cayó en la carretera y lo arrolló un autobús.

—¡Mi zapato! —gritó Zoey.

—Con dos zapatos no se cumplen los deseos —la consoló la señora Fortuna.

El rostro de Randall se iluminó al ver entrar a Zoey. La invitó a sentarse a su lado. Al ver que Zoey solo llevaba un zapato, pensó "¡Vaya, esto es algo nuevo!" y dijo:

—¡Chicos! Vamos a quitarnos todos un zapato, como Zoey.

Llegó la hora de cortar el pastel. Las velitas estaban encendidas y, antes de que Randall las soplara, Zoey sonrió. Uno de sus deseos se había cumplido.

Una Cenicienta llamada Kwan

Cuento coreano

Hace mucho, mucho tiempo, nació una niña. Su padre la llamó Kwan, que significa "fuerte".

Lamentablemente, la madre de la niña murió.

Años más tarde, el padre de Kwan volvió a casarse. Su nueva esposa tenía también una hija, Hee, que significa "placer".

Tanto la madrastra como la hermanastra de Kwan estaban celosas de ella y la trataban muy mal.

Una hermosa mañana de primavera, la madrastra de Kwan dijo:

—Voy a llevar a Hee al festival.

—¿Puedo ir yo también, honorable madre? —preguntó Kwan.

—Sí, pero primero debes quitar la maleza del jardín.

Hee y su madre se rieron mientras se encaminaban hacia la ciudad.

Kwan estaba desolada. El jardín estaba lleno de maleza.

Kwan salió al jardín y se sorprendió al ver una enorme vaca que le dijo:

—Yo me comeré toda la maleza.

—¡Sí, por favor! —dijo Kwan.

La vaca se comió toda la maleza en un abrir y
cerrar de ojos.

De repente, una bandada de pájaros cantores apareció en el cielo. Sostenían un hermoso vestido y unas zapatillas.

—Para la fuerte —cantaban.

Entusiasmada, Kwan echó a correr por el camino hasta el puente que cruza el río. De pronto, tropezó y se cayó. Una de las zapatillas fue a caer al agua.

—¡Oh, no! —gritó Kwan mientras veía cómo la zapatilla se alejaba flotando en el agua.

Kwan cojeó hasta su casa y, una vez allí, escondió el vestido y la zapatilla en un viejo baúl.

Mientras tanto, un joven príncipe se dirigía al festival. Sediento, se detuvo junto al río para beber un poco. Posó sus labios en el agua fría que fluía veloz por el río y, de pronto, vio una bonita zapatilla que flotaba.

—Hermosa zapatilla, ¿hermosa dama? —se preguntó mientras recogía la zapatilla.

—Hermosa dama —cantaron los pájaros desde lo alto.

—Debo encontrarla —decidió.

El príncipe viajó a muchas granjas y pidió a cada mujer joven que se probara la zapatilla. Cuando llegó a la granja de Kwan, se la mostró a Hee y a Kwan.

Hee empujó a Kwan a un lado y dijo:

—¡Es mía!

—Como no eres amable —dijo el príncipe—, tu hermana se la probará primero.

Kwan deslizó el pie dentro de la zapatilla.

—Eres fuerte y hermosa —dijo el príncipe—. Por favor, cásate conmigo.

—Sí —respondió Kwan con una sonrisa.

Los pájaros cantores revoloteaban en el cielo. Cantaban una canción feliz.

Usa detalles de *La horma de su zapato: Dos cuentos de Cenicienta* para contestar estas preguntas con un compañero.

1. **Hacer conexiones** ¿En qué se parecen los dos cuentos de hadas? ¿Cuáles son las diferencias más importantes?

2. La señora Fortuna consuela a Zoey cuando pierde el zapato. Piensa en una ocasión en la que perdiste algo. ¿Qué te hizo sentir mejor?

3. Si la señora Fortuna y los pájaros cantores no hubieran estado en estos cuentos de hadas, ¿de qué otra manera habrían podido las niñas resolver sus problemas?

Sugerencia para la conversación

Completa la oración para agregar algo a lo que dice tu compañero. Habla pausadamente y con claridad.

Mi idea es _____ .

Escribir una comparación

INDICACIÓN Los zapatos son importantes en los dos cuentos. Compara los zapatos de Zoey con los de Kwan. ¿En qué se parece la función que desempeñan los zapatos en los dos cuentos? ¿En qué se diferencia?

PLANIFICA Primero, haz una lista de detalles sobre los zapatos de Zoey. Luego, haz una lista de detalles sobre los zapatos de Kwan. Busca detalles en el texto y en las ilustraciones sobre su aspecto, de dónde vienen y qué ocurre con ellos.

Zapatos de Zoey	Zapatos de Kwan

ESCRIBE Ahora, escribe oraciones para comparar los zapatos de Zoey con los de Kwan. Usa los detalles de tu tabla para explicar en qué se parecen y en qué se diferencian. Recuerda:

- Describe cómo se sintieron Zoey y Kwan con sus zapatos.

_____

_____

_____

_____

_____

_____

_____

_____

_____

_____

_____

Prepárate para leer

ESTUDIO DEL GÉNERO Los **cuentos de hadas** son cuentos antiguos con personajes inventados y acontecimientos que no podrían suceder en la vida real.

HACER UNA PREDICCIÓN Da un vistazo a "El zapatero y los duendes". Un zapatero pobre necesita ayuda. ¿Cómo crees que recibirá la ayuda que necesita?

_____

_____

_____

_____

_____

_____

ESTABLECER UN PROPÓSITO Lee para descubrir cómo el zapatero recibe la ayuda que necesita.

El zapatero y los duendes

LEE ¿Cuál es el problema del zapatero? <u>Subráyalo.</u>

Hace mucho tiempo, vivía un zapatero muy amable. Trabajaba muchísimo, pero no ganaba mucho. Una noche, se fue a dormir preocupado. Tenía materiales para hacer solo un par de zapatos más. Tendría que venderlos a buen precio.

A la mañana siguiente, ¡el zapatero se llevó una gran sorpresa! En su taller, encontró los zapatos más lindos que jamás había visto. Los vendió a muy buen precio. Con el dinero, compró materiales para hacer dos pares de zapatos más.

El zapatero se sentía muy agradecido. Se preguntaba quién sería su ayudante secreto. ▶

Para leer con atención

Numera los acontecimientos principales de esta página en orden.

Para leer con atención

Escribe una C cuando hagas una conexión con un acontecimiento de tu vida.

Esa noche, se fue a dormir feliz. A la mañana siguiente, ¡se volvió a llevar una sorpresa! Encontró dos pares de hermosos zapatos que vendió a muy, muy buen precio.

Esto sucedió noche tras noche. El zapatero quería dar las gracias a sus ayudantes. Una noche se quedó despierto hasta tarde. Para su sorpresa, tres duendes descalzos entraron al taller y se pusieron a trabajar. La noche siguiente, ¡los sorprendidos fueron los duendes! ¡El zapatero les había hecho botas!

Para agradecerle, los duendes le enseñaron al zapatero cómo hacer zapatos muy elegantes. Así, el zapatero nunca más volvió a ser pobre.

VERIFICAR LO QUE ENTENDÍ

¿Qué acontecimientos se repiten? ¿Por qué son una parte importante del cuento?

_____

_____

_____

_____

ESCRIBE SOBRE ELLO Compara "El zapatero y los duendes" con los dos cuentos de Cenicienta. ¿Por qué la amabilidad es importante en los cuentos? Usa detalles sobre los personajes para explicar tu respuesta.

_____

_____

_____

_____

_____

_____

_____

_____

_____

_____

Prepárate para ver un video

ESTUDIO DEL GÉNERO Un **video** es una película breve que te da información o te ofrece algo para que veas y disfrutes. Mientras ves *¡Laboriosas hormigas!*, observa:

- cómo se relacionan las imágenes, los sonidos y las palabras
- de qué trata el video
- qué información se da sobre el tema
- el tono del video

ESTABLECER UN PROPÓSITO Pregúntate qué ocurre y por qué ocurre para hacer conexiones de **causa y efecto** sobre el video. Una causa es lo que hace que otra cosa ocurra. Un efecto es lo que ocurre debido a la causa.

Desarrollar el contexto: El trabajo de las hormigas

¡Laboriosas hormigas!

Mientras ven el video ¿Son laboriosas las hormigas? ¡Decídelo tú! Observa el comportamiento de las hormigas. Piensa detenidamente en cómo las palabras y las fotografías te ayudan a entender lo que hacen las hormigas. ¿Qué crees que están pensando estas hormigas?

¡Laboriosas hormigas!

Conversación en parejas

Usa detalles de *¡Laboriosas hormigas!* para contestar estas preguntas con un compañero.

1. **Causa y efecto** ¿Qué es lo que quieren conseguir las hormigas? ¿De qué manera sus acciones las ayudan a alcanzar su objetivo?

2. ¿En qué se parecen las hormigas del video a la hormiga de la fábula *Amiga hormiga*? ¿En qué se diferencian?

3. ¿Crees que *¡Laboriosas hormigas!* es un buen título para este video? Usa detalles del video para explicar tus ideas.

Sugerencia para la conversación

Espera tu turno para hablar. Habla sobre tus sentimientos e ideas con claridad.

Siento que _____ .

¡Hora de concluir!

(?) Pregunta esencial

¿Qué lecciones podemos aprender de los personajes de los cuentos?

....

Elige una de estas actividades para mostrar lo que aprendiste sobre el tema.

1. Aprende la lección

Piensa en una lección que puedan usar los niños en su vida diaria. Luego, escribe tu propia fábula o cuento de hadas que enseñe esa lección. Repasa los textos para buscar ideas. Fíjate cuántos de esos personajes puedes incluir en tu nuevo cuento.

2. Catálogo de cuentos

Haz un catálogo de las cosas que se necesitan en una fábula o en un cuento de hadas. Revisa los textos para buscar ideas. Luego, dibuja personajes, ambientes u objetos que podrías encontrar en esos tipos de cuentos. Rotula las imágenes.

Desafío de palabras

¿Puedes usar la palabra moraleja en tu catálogo?

Mis notas

Glosario

A

acogedor Un lugar acogedor es cómodo y agradable. La chimenea hace que la habitación sea muy **acogedora**.

acuerdo Un acuerdo es cuando las personas intentan llegar a un arreglo y, para conseguirlo, buscan una solución que contente a las dos partes. Después de debatir durante un buen rato, el equipo llegó a un **acuerdo**.

amenazar Cuando las personas amenazan con hacer algo, advierten que lo harán. Los trabajadores **amenazan** con renunciar si no obtienen mejores condiciones de trabajo.

apresurarse Cuando una persona se apresura, se da prisa para hacer algo. La ardilla **se apresura** a subir al árbol.

arrugar Si una persona arrugó la cara, endureció los músculos y se le formaron líneas en la piel. El bebé **arrugó** la frente cuando probó aquel jugo tan ácido.

atronador Una voz atronadora es fuerte como un trueno. Un sonido **atronador** nos indicó que los fuegos artificiales habían comenzado.

B

bello Las cosas bellas son lindas o hermosas. Le regalaron una **bella** muñeca para su cumpleaños.

C

cavar Si estás cavando, estás haciendo un hoyo en la tierra. Estuvimos toda la tarde **cavando** hoyos en el jardín para plantar muchas flores.

celoso Cuando las personas están celosas, están enojadas porque quieren lo que tiene otra persona. Me sentí **celoso** cuando Emma ganó el primer premio.

ceño El ceño es el espacio que está entre las cejas y lo frunces, o arrugas, cuando te enojas.   Mi primo suele fruncir el **ceño** cuando le contradices en algo.

cojear Si una persona cojeó, caminó despacio e inclinando el cuerpo.   El niño **cojeó** hasta su casa después de lastimarse la rodilla.

convencer Si hablas con los demás e intentas convencerlos de algo, intentas que piensen o sientan igual que tú.   ¡Por favor, intenta **convencerla** de que juegue con nosotros!

creer Creer algo es pensar que es cierto.   **Creo** que hoy lloverá.

culpar Es posible que alguien te culpe de algo; eso significa que esa persona cree que tú hiciste algo mal.   Los niños se **culparon** unos a otros del desorden que había en la habitación.

cumplir Cumplir un sueño es lograr que suceda.   Si trabajo mucho, lograré **cumplir** mi sueño de ser astronauta.

D

decisión Cuando tomas una decisión, determinas o haces una elección sobre algo.   Antes de tomar una **decisión** importante, debes reflexionar un tiempo.

desacuerdo En un desacuerdo, las personas tienen ideas distintas sobre las cosas.   Mis hermanos y yo siempre intentamos resolver nuestros **desacuerdos** de la mejor manera posible.

despacio Cuando haces algo despacio, lo haces lentamente, sin prisa.   Caminó muy **despacio** para no hacer mucho ruido.

destreza Si tienes gran destreza en algo, lo haces muy bien.   Ethan cocina con gran **destreza** y le encanta compartir sus platos con sus amigos.

discurso Un discurso es una charla que das ante un público. Mi amigo dio un **discurso** inspirador después de ganar el premio al mejor ciudadano.

discutir Cuando te piden que no discutas, te dicen que no hables con enojo para mostrar que no estás de acuerdo. Si te pasas el día **discutiendo** con todos, al final acabarás perdiendo a tus amigos.

E

empujar Cuando empujo una cosa, hago fuerza para moverla de lugar. Ian **empuja** a su hermana en el columpio.

encaminarse Si las personas se encaminaban hacia un lugar, iban en esa dirección. Mi padre **se encaminó** hacia la puerta para ir a trabajar.

enfrentarse Si una persona se enfrentó a otra, le hizo frente o peleó contra ella. El niño **se enfrentó** a su hermano mayor para tratar de quitarle la pelota.

entusiasmado Una persona que está entusiasmada está muy contenta y tiene muchas ganas de hacer algo. Los niños estaban **entusiasmados** porque se iban de campamento.

escabullirse Cuando una persona se escabulle, se escapa con rapidez. **Se escabulló** por la puerta para no perder el autobús.

estupendo Si algo es estupendo, es muy bueno. ¡La celebración que le hicimos a mi abuelo por su cumpleaños fue **estupenda**!

excusa Las excusas son razones que tienes para no hacer algo. Intentó poner **excusas** por haber roto el jarrón, pero luego pidió disculpas.

extrañar Si **has** extrañado una cosa, te has sentido triste porque te faltaba. **Extraño** a mi amigo que se fue de viaje.

G

glotón A una persona glotona le gusta comer mucho. Mi hámster es un **glotón**: siempre se come toda la comida que le damos.

gritar Cuando una persona grita, habla con un volumen muy alto. Sarah **gritó** de emoción en su atracción favorita del parque de diversiones.

H

humeante Cuando las cosas están humeantes, están muy calientes y desprenden vapor. La sopa estaba **humeante**, así que dejamos que se enfriara unos minutos.

I

identificarse Identificarse con una persona es entender cómo se siente. Me siento **identificado** con el personaje en este cuento, porque a los dos nos da miedo volar.

iluminarse Si el rostro de una persona se iluminó, esa persona se puso muy contenta. El rostro de Caleb **se iluminó** cuando se enteró de que irían de excursión.

indeciso Cuando una persona está indecisa, no está segura de qué hacer. Al principio, Dan estaba **indeciso** sobre si probar la ensalada o no.

invitar Si te invitaron a un lugar, te pidieron que fueras. Mi hermano mayor me **invitó** a ir con él al espectáculo de talentos.

J

jalar Si decimos que alguien jaló algo, tiró fuerte de esa cosa. Todo el equipo **jaló** fuerte de la cuerda en el juego de tira y afloja.

L

lluvioso Una estación lluviosa es una estación en la que llueve mucho. Cuando el día está **lluvioso**, no salimos a jugar al patio para no mojarnos.

M

moraleja Una moraleja es una lección que se enseña a través de una historia.   La **moraleja** del cuento es que todo puede conseguirse si se intenta lo suficiente.

musical Las cosas musicales tienen una melodía.   Una trompeta es un instrumento **musical**.

P

parar Parar es hacer una pausa o dejar de hacer lo que estás haciendo.   El orador **parará** de hablar por momentos para que puedan hacerle preguntas.

pinar Un pinar es un lugar donde hay muchos pinos.   Le saqué esta foto a un **pinar** hermoso que visitamos.

pista Una pista es información que te ayuda a encontrar una respuesta.   La puerta abierta fue una **pista** de que alguien había entrado.

placer El placer es un sentimiento de alegría o satisfacción.   Siempre es un **placer** recibir amigos en casa.

práctica Práctica es cuando haces algo una y otra vez para mejorar.   Tengo **práctica** de piano todos los días.

Q

quehacer Los quehaceres son tareas de la casa que se deben hacer.   Mi **quehacer** de hoy consiste en sacar la basura.

R

refunfuñar Si decimos que una persona refunfuñó, habló en voz baja y no muy clara, como entre dientes.   **Refunfuñó** algo que no alcancé a comprender.

respetuoso Las palabras respetuosas son palabras amables y cordiales.   Los compañeros de clase deben ser **respetuosos** unos con otros.

S

sentido El sentido de una palabra o cosa es lo que significa. Entendí el **sentido** de la palabra después de leer la oración completa.

suplicar Si suplico, pido algo de manera insistente. Le **suplicamos** a nuestra madre que nos dejara ir a la fiesta, pero no conseguimos convencerla.

T

tintinear Si las piezas tintinearon, hicieron muchos ruidos cortos al agitarse y chocar unas contra otras. Las monedas **tintinearon** en mi bolsillo.

V

versión Una versión es una forma diferente o cambiada de algo. ¿Quisieran jugar una nueva **versión** de este juego?

viaje Un viaje es un traslado o recorrido de un lugar a otro. El mapa le fue de gran ayuda a Cherie para planear su **viaje**.

Índice de títulos y autores

Reconocimientos

"Amiga hormiga" from *Teatrín de Don Crispín* by Alma Flor Ada & F. Isabel Campoy, illustrated by Felipe Ugalde. Text copyright © 2001 by Alma Flor Ada & F. Isabel Campoy. Reprinted by permission of Santillana USA Publishing Company, Inc.

Big Red Lollipop by Rukhsana Khan, illustrated by Sophie Blackall. Text copyright © 2010 by Rukhsana Khan. Illustrations copyright © 2010 by Sophie Blackall. Translated and reprinted by permission of Charlotte Sheedy Literary Agency and Viking Children's Books, an imprint of Penguin Young Readers Group, a division of Penguin Random House LLC. All rights reserved. Any third party use of this material, outside of this publication, is prohibited. Interested parties must apply directly to Penguin Random House LLC for permission.

Gingerbread for Liberty! (retitled from *Gingerbread for Liberty!: How a German Baker Helped Win the American Revolution*) by Mara Rockliff, illustrated by Vincent X. Kirsch. Text copyright © 2015 by Mara Rockliff. Illustrations copyright © 2015 by Vincent X. Kirsch. Translated and reprinted by permission of Houghton Mifflin Harcourt Publishing Company and the Andrea Brown Literary Agency.

How to Read a Story by Kate Messner. Illustrated by Mark Siegel. Text copyright © 2015 by Kate Messner. Illustrations copyright © 2015 by Mark Siegel. Translated and reprinted by permission of Chronicle Books LLC.

Pepita and the Bully/Pepita y la peleonera by Ofelia Dumas Lachtman, illustrated by Alex Pardo DeLange. Spanish translation by Gabriela Baeza Ventura. Text copyright © 2011 by Ofelia Dumas Lachtman. Illustrations copyright © 2011 by Alex Pardo DeLange. Reprinted by permission of Arte Público Press - University of Houston.

Excerpt from *Working with Others* by Robin Nelson. Text copyright © 2006 by Lerner Publishing Group, Inc. Translated and reprinted by permission of Lerner Publications Company, a division of Lerner Publishing Group, Inc.

Créditos de fotografía

4 (b) ©Rawpixel.com/Shutterstock; 7 (b) ©Voropaeva/Shutterstock; 8 ©GagliardiImages/Shutterstock, ©giedre vaitekune/Shutterstock, ©Suriya Phosri/iStock/Getty Images Plus/Getty Images; ©BraunS/E+/Getty Images; 12 ©Miloje/Shutterstock; 13 ©Miloje/Shutterstock; 14 ©Penguin Group; 40 ©Rawpixel.com/Shutterstock; 41 ©Rawpixel.com/Shutterstock; 42 ©kali9/E+/Getty Images; 43 ©Amble Design/Shutterstock; 44 (l) ©Hero Images/Getty Images; 44 (r) ©Leila Mendez/Cultura/Getty Images; 45 ©Paul Viant/The Image Bank/Getty Images; 46 ©szefei/Shutterstock; 47 ©asiseeit/E+/Getty Images; 48 ©Sergey Novikov/Shutterstock; 49 ©Milica Nistoran/Shutterstock; 50 ©ImagesBazaar/Getty Images; 51 (tr) ©Rawpixel.com/Shutterstock; 53 (tr) ©Rawpixel.com/Shutterstock; 54 (l) ©Duplass/Shutterstock; 54 (r) ©YiorgosGR/iStock/Getty Images Plus/Getty Images; 55 (l) ©ND1939/iStock/Getty Images Plus/Getty Images; 55 (c) ©baona/iStock/Getty Images Plus/Getty Images; 55 (r) ©LydiaGoolia/iStock/Getty Images Plus; 56 ©baona/iStock/Getty Images Plus/Getty Images; 58 Courtesy of Houghton Mifflin Harcourt; 80 ©SZ Photo/Scherl/Sueddeutsche Zeitung Photo/Alamy; 82 ©Franklin D. Roosevelt Presidential Library & Museum; 84 ©2011 Arte Público Press - University of Houston; 110 ©Monkey Business Images/Shutterstock; 118 ©Monkey Business Images/Shutterstock; 119 ©Wavebreakmedia/iStock/Getty Images Plus/Getty Images; 126 ©HMH/Andy Duback; 152 Alma Flor Ada ©F. Isabel Campoy; 152 F. Isabel Campoy ©Josh Edelson/Houghton Mifflin Harcourt; 166 ©holbox/Shutterstock; 188 ©Sidney Fleisher; 191 ©lirtlon/Getty Images; 192 ©Awei/Shutterstock; 206-207 (bg) ©lirtlon/Getty Images; 206 (bl) ©Cabezonication/iStock/Getty Images Plus/Getty Images; 208 ©Awei/Shutterstock; 209 (tr) ©Voropaeva/Shutterstock; 210 ©fotostorm/iStock/Getty Images Plus; 210 (inset) ©Art'nLera/Shutterstock; 211 (inset) ©Art'nLera/Shutterstock; 211 ©OlScher/Shutterstock